播音与主持艺术专业「十三五」规划教材

21世纪播音与主持艺术专业核心教材

电视购物节目主持

严翔　霍妍 ◉ 主编

DIANSHI GOUWU
JIEMU ZHUCHI

中国传媒大学出版社

· 北京

严　翔，中国传媒大学南广学院副校长，播音指导。毕业于中国传媒大学播音主持艺术专业。全国播音主持"金话筒"奖评审。全国首届"百优双十佳"节目主持人。

霍　妍，中国传媒大学南广学院播音主持艺术学院业务方向教研室主任，讲师。主要研究领域为播音主持、营销传播等。曾参加"首届电视购物高峰论坛"并作为学界代表发言。

目 录 >>>> CONTENTS

前　言

自从 1982 年美国佛罗里达州一家电视台播出了"家庭电视购物网"（简称 HSN）节目，一种全新的节目类型出现在大众视野中。

我国的电视购物伴随着媒体产业化趋势应运而生。购物频道的出现不仅丰富了媒体的传统职能，拓展了服务社会及自身发展的空间，同时为百姓提供了一种便捷、实惠的购物方式。2015 年电视购物白皮书显示，当年中国电视购物总销售额达 399 亿元，进入稳定、兴盛的发展时期。据不完全统计，目前全国开办购物频道、栏目的各级广播、电视媒体已逾百家。

一种新兴行业的兴起势必产生相应人才的需求。众多广播、电视购物频道的出现，加之网络购物的升级，呼唤着大批既具备传媒素养又精通商业营销模式的专业化、复合型人才。而购物节目主持人（购物专家）便首当其冲。

购物节目主持人通过媒体途径，凭借语言艺术及营销策略从事销售行为，兼有主持人和营销员的双重属性。它要求从业人员既要具有话筒、镜头前的语言传播能力，又熟知营销策略及受众消费心理。购物节目主持人是媒体分众化趋势导致主持人专业化发展的集中体现。

我国高校开办播音专业是在 20 世纪 60 年代初期，当时的培养目标是为各级广播电台培养具有新闻素养和艺术语言能力的播音员。而今，传媒产业飞速发展，业态环境急剧变革。播音主持艺术人才的培养唯有不断改革、创新方能适应时代发展的需求。

中国传媒大学南广学院致力于大传播、全媒体、应用型、创新型人才的培养。播音主持艺术专业以传承、发展、创新为宗旨，以市场需求为导向，以强基础、宽方向为目标。在"艺术语言"与"语言艺术"并重的前提下，强化学生"五位一体"（策划、采访、编辑、主持、制作）核心能力的掌握。根据市场需求，2008年播音与主持艺术专业开设了"商务类型节目主持"课程，并在全国高校播音主持艺术专业首开"商务类型节目主持"专业方向。

"教什么""谁来教""怎样教"，是专业教学的三个核心问题。本教材是我们总结了八年教学经验所得，结合行业发展对从业人员能力需求状况编写而成，因应了业界和学界的双重呼唤。由于经验和水平所限，本教材难免有不妥之处，敬请专家和读者批评指正。

严　翔

2016 年 6 月 14 日

绪论
关于电视购物节目

《中国电视购物白皮书(2014)》这样界定电视购物:以持有国家新闻出版广电总局颁发的电视购物频道牌照的专业频道为载体,将产品介绍给消费者,消费者通过打电话、网络等渠道直接从电视购物频道购买商品,并享受免费订购送货式服务。

第一节 电视购物节目的界定

电视购物节目就是指以专业电视购物平台为依托,提供产品推荐、订购和售后服务的节目类型。从 1992 年广东珠江电视台率先推出电视购物节目至今,中国电视购物节目经历了跌宕起伏的 20 多年。这一新颖的节目类型吸引了各界的目光,经历了最初的迅猛起步和饱受争议的停滞期后,重新以频道为载体建立起更加规范和权威的经营模式,形成了现在遍地开花的规模。

电视购物节目自身的内涵和外延一直在修整,对其的界定也一直在发生变化,但有两点因素是不变的:一是其媒体属性,二是其商业属性。有学者这样描述:"以电视为媒介,面向家庭市场,集宣传、组织、销售为一体,借助电视台的形象和声誉,通过电视的艺术手段,详尽、完备地宣传和推销商品。它综合了以往零售商业的优点,又与信息时代的社会特征相结合,是商业发展史上的又一次巨大变革。"[①]

---

① 金成勋:《电视购物对社会发展的影响》,《新闻大学》2008 年第 4 期。

电视购物节目从诞生初期就受到了多方的关注。从媒体的角度来说，电视购物创造了新的经济增长点。"电视媒体实现赢利有两条道路，第一条道路是销售吸引观众的内容和服务，也就是通过收取节目收视费来赢利；第二条道路是销售收看节目的观众，也就是把与观众交流的途径标上价码卖给广告商。"①传统的电视媒体最主要的收入就是广告，广告的功能是提升品牌知名度，一般一则广告投放三个月才会取得一定的效果。而电视购物节目直接售卖的就是商品，这极大地刺激了商家的胃口。电视购物节目让媒体的赢利呈几何级增长，到2014年，我国电视购物行业的市场规模达到352.4亿元。

从商家的角度来说，电视购物节目创造了一种全新的销售方式。传统的店铺销售成本高，商家需要支付昂贵的店铺租金、人工费和其他日常开销。电视购物节目节省了这些开支，市场启动快，不需要长期的品牌广告投入，收效明显。节目播出的同时，观众下订单付款，解决了传统经营方式资金回笼慢的问题，对整体零售业的经营模式是一种颠覆。

从消费者的角度来说，传统的购物模式越来越暴露出一些弊端：交通拥挤、气候影响、挑选困难、自己搬运商品费时费力等，而电视购物可以足不出户便买到生活必需品，一个电话就省去了跑商场的时间，专业物流保证及时到货，退换货也有保障。电视购物所代表的新生活方式吸引了一批忠实的消费者。

在这样三个维度的重叠下，电视购物产业近年来稳步发展，不断壮大，成为不容忽视的一股新生力量。

---

① 徐剑：《家庭购物：电视媒体赢利的第三条道路》，《电视研究》2005年第11期。

第二节　电视购物节目的特点

一、电视购物节目以专业购物频道为依托

电视购物最初进入中国市场时,通常由专门的电视直销公司制作购物节目,向电视台购买非黄金时段播出,并且负责物流配送、售后服务等,我们称其为电视直销。这种模式的弊端就是电视直销公司既作为渠道商,又扮演产品供应商的角色。由于购买电视台时段收费高昂,电视直销公司需要用成本极其低廉、暴利的产品来保证收益。电视直销公司只想在短期内迅速实现利益最大化,对品牌塑造没有长远规划,导致对产品质量把关不严,售后服务也不到位,极大地损害了自身的公信力。电视台仅销售时段,对所售商品质量不负责。一旦出现质量问题,消费者投诉无门。

中国电视购物行业走出直销时代后,进入频道时代,由频道利用自身的品牌优势,吸引优质资源加入、制作电视购物节目、建立客服中心并完善会员资料数据库、完成配送和售后服务。现在电视购物的经营模式是由电视台成立专门的购物频道,购物频道是迎合媒体产业化的发展趋势,丰富媒体自身传统职能,直接有效服务于市场和观众的专业化频道。购物频道也是经国家新闻出版广电总局批准,隶属于各级电视媒体的系列化频道之一。电视购物频道抽离了供应商的角色,仅仅提供销售渠道。电视购物频道是供货商展示自身品牌价值的通路,也是客户挑选商品的平台。

电视购物频道是更加可靠、权威的优质资源,相比较电视直销公司的只身闯天下,频道依靠的是其母体电视台深厚的媒体资源和品牌号召力。母体电视台可以提供给购物频道专业的节目策划与制作资源,更重要的是,还可以为其提供多年积累的社会影响力和强大的品牌优势。电视购

物频道在电视台的金字招牌下,要力求更长远的发展,严把每个流通环节,这样才能保证与其母体的共荣。

二、电视购物节目开启了电视销售的直播时代

电视购物节目采用的是每天 24 小时直播形式(也有部分频道是每天 20 小时左右的直播)。直播形式相比录播形式有几点优势:首先,直播可以及时根据后台咨询和订购情况调整节目内容、推荐方式,做实时跟进,对节目效果有较大帮助;其次,直播可以根据时间段安排相应的推荐商品,而录播无法做到这点。根据不同收视群的收视习惯,老年人习惯早起,早上八点前可以安排老年人热衷的养生食品或者保健足浴盆等。下午三四点是家庭主妇最悠闲的时光——家务全部做完而先生、孩子还未回家,此时推送主妇们喜爱的锅具和其他家居用品最合适;夜深人静,主妇们结束了一天辛勤的劳作最想犒劳自己,正是推荐珠宝首饰的大好时机。电视购物节目开启了直播的全新时代,获得了电视直销无法比拟的播出优势。

电视购物节目借力专业的演播室和策划团队,制作优良,近年来更是频现上乘之作。有些节目将演播室搬到户外,进行实景拍摄,主持人出镜做现场报道——这种种都表现出,电视购物节目力争从各个方面做得更像一档有品位、有水准的电视节目,而不是过去吃力不讨好的吆喝,东方卫视的《美食大掌门》、好享购的《私人订制》、环球购物的《冠军厨房》都是这方面有益的尝试。

三、电视购物节目倡导了新的生活方式

主妇王阿姨打开储物柜发现洗衣粉不够了,她盘算着怎么才能方便又便宜地买一些回来。如果去最近的平价超市,她需要做如下步骤:梳洗换衣服出门→去车库开车→驱车 20 分钟(不堵车的情况下)来到最近的超市→到地下车库停车→来到日化专柜挑选商品→绕完整个超市才能到达

收银台结账→取车→交停车费→驱车 20 分钟回家。如果选择电视购物，只需要打开电视机收看节目→拨打电话订购→第二天送货上门。

通过传统的购物方式购买商品：

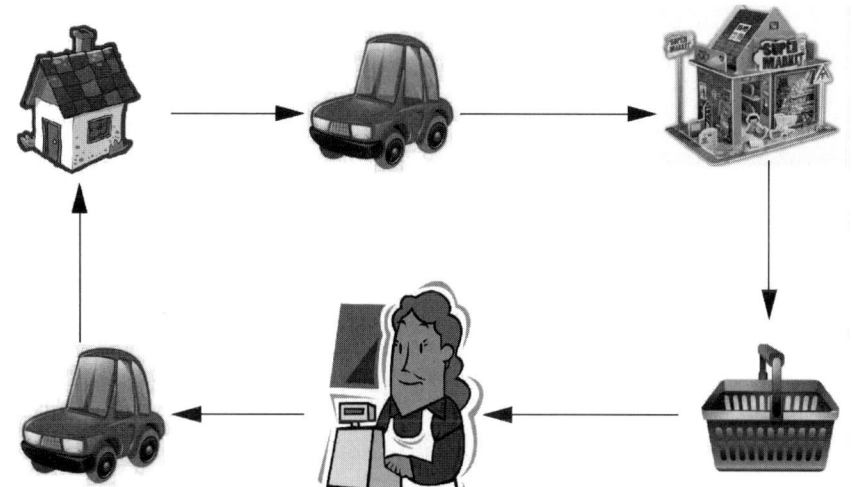

通过电视购物订购商品：

那么商品的价格呢？传统店铺要支付昂贵的商场入场费、租金、人工费、装修费、推广费和水电费等开销，而这些开支最终还是由消费者来埋单；消费者还要承担去超市的油费和停车费。电视购物则省去了中间这些费用，供应商得以用最便宜的价格招徕顾客。电视购物节目中有很多实体店铺没有的商品组合，消费者可以以更低的价格将其拿走。更吸引人的是，买洗衣粉组合就可以赠送一台迷你洗衣机。夏天衣服需要每天换，但是件数少，用大洗衣机费水费电费洗衣粉，小孩的衣服需要单独洗，也实在用不上大洗衣机，迷你洗衣机正中下怀。这样的洗衣机市场售价不低于 200 元，更何况一般商场根本买不到。综合考虑过后，王阿姨拿起了订购电话。

第三节　电视购物节目在国内的发展历程

电视购物节目最早发源于美国。电视购物节目和广告的关系密不可分。广告用于间接销售,有人就想到可不可以让广告直接用于销售? 于是在电视购物节目形成之前,已经有了一种用于直接销售的超长广告,播出内容和电视购物节目很接近,主要是罗列商品的相关信息。

而真正的购物节目的出现却非常偶然,最早的购物节目依托于电台。1977 年,有一个商家无法向电台缴纳广告费,于是拿自己的商品来代替广告费。电台拿到 112 个电动开罐器束手无策,百般无奈下,电台决定自己做一档节目把这些开罐器卖了。没想到获得空前的热捧,商品被一抢而光,这种节目类型也就因此被保留了下来。在此基础上,一档全新的节目"家庭电视购物网"(Home Shopping Network,简称 HSN)于 1982 年在美国佛罗里达州一家电视台播出,这是世界上最早的电视购物节目。

电视购物在亚洲的起步晚于美国,但由于亚洲(尤其是韩国和日本)有着数量庞大的主妇群体,这种类型节目获得了强劲的发展势头。其中韩国电视购物的产业规模仅次于美国,成为亚洲电视购物产业首屈一指的领头羊。在热播韩剧《来自星星的你》中,主角千颂伊就是一个狂热的电视购物者。她经常在电视购物上购买酱螃蟹之类韩国人喜爱的食品,还热衷于节目上推荐的美容产品和健身产品。韩国电视购物产业的影响力由此可见一斑。

国内的电视购物行业起步较晚,大致经历了这样几个发展阶段:

一、初创探索期(1992—1998 年)

1992 年,广东珠江电视台开行业之先河,推出电视购物节目《美的精品 TV 特惠店》,被认为是购物节目的早期样态。

1995 年,北京电视台成立 BTV 电视购物公司,两年内营业额达到两亿元,挖到了电视购物行业的第一桶金,也让这个行业迅速获得关注,更多社会资本开始注入。

1996年,帝威斯(TVS)、百思得电视直销公司成立。

1998年,橡果国际和七星购物电视直销公司成立。

同年,央视电视购物公司牵头成立全国电视直销联营网,将全国160多家电视台吸收为会员,大量吸引社会资本,意图将电视购物产业做大做强。在国家级媒体强有力的号召下,从业者对这个行业的前景充满了信心。

1998年是中国电视购物的第一道分水岭。在以直销为主要形态的电视购物行业发展初期,短期内为供应商们赢取了巨额利润,呈现出一派虚假繁荣。资本的原始积累总是带有血腥味,不明真相的消费者被电视屏幕上充斥的各种让人热血沸腾的推销词所吸引,订购电话不断爆线。以橡果国际为代表的电视直销公司,年销售额达几十亿元,电视直销的收入占电视台总收入的10%—15%。各种丰胸、增高的假冒伪劣商品和包治百病的保健品让这个行业高烧不退,最终伤了电视购物的根基,盛极而衰。

二、信任危机期(1999—2002年)

从1999年开始,电视购物进入衰落期,遭遇了严重的"信任危机"。其中最受关注的就是OK镜致人失明事件。OK镜只能暂时降低角膜曲率,并不能从根本上治疗近视。使用不当可能伤害角膜,在国外也只有部分医院用于临床,在其发源地美国也只有很少的人配戴。OK镜进价200元一副,到了电视直销上摇身一变,一副售价几千元不等,而且被宣传成为治疗近视的神奇产品和风靡欧美的高科技产品。很多家长为了让孩子摘掉眼镜,一掷千金也在所不惜,却换来孩子的眼睛险些失明。"有数据显示,16%—69%的OK镜配戴者有角膜损伤,14%—51%的配戴者看东西重影,甚至有人因为角膜损伤导致失明。"[①]

---

① 《问诊电视购物》,http://www.globrand.com/2009/291792.shtml。

"OK 镜事件"只是中国电视直销的一个缩影,其中的消费者受害案件不胜枚举,电视购物行业受到了自创立以来最大的冲击。到 2000 年年底,电视购物公司由 1000 多家锐减到 300 多家,行业总收入由 200 亿元缩水至 40 亿元。BTV 电视购物的年收入由鼎盛期的 2.5 亿元下滑至数千万元。

三、外资介入期(2003—2005 年)

电视购物经过早期的无序发展后,进入了停滞期。电视购物从业者开始反思,并希望借助国外经验帮助自身渡过难关。与此同时,国外资本也看中国的巨大市场,纷纷抛出橄榄枝。

2003 年 2 月,韩国现代集团与广东电视台合作成立"现代家庭购物频道",成为我国第一个专业电视购物频道。

2003 年 9 月,美国联合媒体电视购物公司 UMG 与北京电视台合作成立"北京爱家电视购物频道"。

2003 年 12 月,HSN 联合国外资本在国内成立上海合家购物有限公司,与吉林电视台合作成立"吉祥电视购物频道"。

2004 年 1 月,韩国 CJ 购物集团与上海文广合作成立"东方 CJ 电视购物频道"。

2005 年 4 月,韩国 LG 购物集团与重庆电视台合作成立"重庆 LG 电视购物频道"。

中国电视购物蓄势待发,期待东山再起。

四、行业重整期(2006—2010 年)

2006 年 7 月,国家广电总局和国家工商总局联合下发《关于整顿广播电视医疗资讯服务和电视购物节目内容的通知》,这标志着国家整顿混乱的电视购物行业的决心。在此之后,丰胸、减肥、增高等购物节目被紧急叫停,电视购物行业来了个急刹车。

就在通知下发不久前的 2006 年年初,陕西电视台"乐家购物频道"成立。

同年 3 月,湖南广电成立"快乐购物频道",成为经国家广电总局批准的第一家由电视台独资的电视购物频道。

2006 年 8 月,中央电视台开播"CCTV 中视购物频道",标志着行业相继进入电视购物频道时代。

与此同时,代表着另一种经营模式的橡果国际还坚守着自己的经营理念,在一段时间内保持着不错的业绩。在吸纳了软银亚洲基础基金分两次共计 4300 万美元的风险投资后,橡果国际于 2007 年在美国纽约证券交易所上市。"2006 年橡果国际年度总营收达到 1.96 亿美元,同比增长 15.4%,从 2002 年到 2006 年的平均年度增长率达到 64%,2007 年全年橡果国际营收 2.55 亿美元,同比增长 30%,其中直销收入比例为 81.4%。"①橡果国际一度被誉为电视购物行业的救星、唯一希望,一时间风光无限,这让它的经营者们更加坚信自己的经营理念,直到 2008 年。

2008 年是我国电视购物行业另一个重要的分水岭,两种经营模式在这一年经过市场的考验,呈现出完全不一样的发展态势。

橡果国际在 2008 年"净营收入为 17 亿多元人民币,但是净运营损失 1.4 亿多元,这是橡果国际成立 10 年来出现的首度净亏,尽管公司经营的毛利率高达 51.7%"。②而橡果国际在上市一年后,股价由刚登陆纽交所时的 19.9 美元跌至 12.3 美元,缩水达 60%。

橡果国际一直以来就未曾把自身定位为第三方平台,而是通过买断产品的方式与供货商合作,类似"好记星""背背佳"都是在这样的理念下打造出来的。这样的经营理念一直是橡果国际引以为豪的,的确创造了很多经营神话,却也隔绝了和其他优秀商家的合作,很多大品牌不愿意投放橡果国

---

① 《橡果国际:电视购物行业的领跑者》,橡果国际网站,http://www.shoppingbtv.com/message_190.html。
② 《电视购物市场 2008 年大混战 橡果国际净亏过亿》,《现代营销(学苑版)》2009 年第 5 期。

际。即便是像沃尔玛这样的大型零售平台,其自主品牌也不超过10%。

更重要的是,橡果国际一直以来被冠以"假冒伪劣"的商业形象,旗下的产品多次引发消费纠纷。"波丽宝"丰胸产品被媒体披露并不具有丰胸效果,而"好记星"近千元的价格实际成本只有100元,一连串的因素像触动了多米诺骨牌,让橡果国际面临成立以来的最大危机。为了应对危机,橡果国际主动向北京消费者协会缴纳200万元"先行赔付金",承诺如果消费者购买橡果国际产品,一旦出现质量问题,可向北京消费者协会投诉,申请先行赔付。

也就在2008年,由湖南广电投资的国内第一家专业电视购物频道"快乐购物频道"运营态势渐趋明朗,净利润约5000万元。

与此同时,一批专业的电视购物频道/公司如雨后春笋般成立:

2008年1月,辽宁电视台宜佳购物频道开播。

2008年9月,贵州电视台家有购物频道(优购物)成立。

2008年12月,江苏广电总台好享购物公司成立。

2009年9月,江西电视台风尚购物频道成立。

2010年6月,中央人民广播电台"央广购物"频道开播。

2010年,国家陆续出台《关于电视购物频道建设和管理的意见的通知》《2010年虚假违法广告专项整治工作实施意见》《关于规范电视购物短片广告投放企业资质等有关情况备案格式的通知》,进一步规范电视购物行业的经营秩序,为行业的良性竞争提供了有力保障。国内的电视购物行业经历大浪淘沙和内部重新洗牌,逐渐开始进入良性发展期。

五、多元发展期(2011年至今)

自2011年,电视购物进入良性的多元化发展期,基本形成了以中视购物、东方CJ、快乐购、好享购等中央级、省级卫视为代表的第一梯队,和其他各后起之秀多足鼎力的局面,电视购物行业的规模由2011年的196.6亿元发展到2014年的352.4亿元。

2015 年，国家新闻出版广电总局发起成立"中国电视购物联盟"，有 34 位成员自愿加入，既包含央广购物、中视购物、环球购物等中央台所属的电视购物频道，也包含东方 CJ、快乐购、好享购等地方台所属的电视购物频道。成立仪式上，34 家购物频道签署了行业自律公约，承诺履行主流媒体的社会责任，把消费者利益放在首位，不售卖假冒伪劣产品，维持行业健康有序发展。

在这一新的发展时期，各购物频道在追求合理发展的同时，还加强了自身的品牌塑造，力求形成差异化竞争的局面。各频道不同程度地意识到其母体品牌对自己品牌价值的影响力，都在寻求与母体品牌一致的价值定位，实现共赢。2014 年湖南卫视推出王牌综艺节目《爸爸去哪儿》后不久，快乐购瞅准时机推出节目中限量衍生商品——水壶、服装、拉杆箱等，一经推出就被抢空。快乐购的"快乐生活快乐购"的口号与湖南卫视的品牌定位是一致的。好享购主打的健康、和谐的生活理念和江苏广电"幸福中国"的理念也一脉相承。

各电视购物频道还根据自身地域的特点，打造专属的品牌特色。东方 CJ 地处上海，吸收了海派文化高雅、精致、追求格调的特色，节目画面优美，追求品位。为了迎合上海人精明、持家的消费习惯，购物专家在推销商品时很少高声宣传，而是耐心细致地把商品的优点分析给观众听，特色很鲜明。

第四节　全媒体时代电视购物节目的未来展望

电视购物行业处在一个巨大的历史机遇面前。

"捷孚凯（GFK 中国）消费者调查数据显示，2014 年消费者在网络渠道花费 5000 元以上的人数比例为 40.6%，而电视购物仅为 9.4%；在购买频次方面，网络购物每周一次的消费者比例为 64.2%，电视购物仅为 8.4%；而在购买商品满意度方面，网络购物满意度为 91.9%，电视购物为68.6%"。① 和网络购物相比,电视购物行业还有很大的发展空间。

2015年10月31日在上海召开了以"诚信、创新、发展"为主题的首届中国电视购物行业高峰论坛,会议由中国电视购物联盟、上海广播电视台、上海文化广播影视集团、东方明珠新媒体共同主办,东方购物承办。在会议上,业界精英各抒己见,畅谈电视购物的未来。大家关注的焦点在于融媒体格局的今天,电视购物行业如何借力互联网,实现自身的跨平台发展。在新的媒体格局下,集电视购物、网络购物、目录购物等多渠道零售方式于一身的交易平台会是未来的发展趋势,但这几个部分并不能单独发展,而是基于数字技术的融合发展。例如建立和完善会员资料库,将有过购买记录的会员信息资料整理成库,根据会员的喜好、年龄、消费习惯进行分类、追踪,定期通过各个客户端推送商品信息。网络平台要配合电视购物平台,让消费者可以根据节目名称、主持人、商品名称等进行搜索,选择自己感兴趣的商品。除了可以实时通过电脑终端、手机终端收看节目外,还可以随时调取已经播出的电视节目录像。建立完善的微信公众号、微博公众号,在互联网平台上加强品牌塑造。优化支付方式,除了现在较普遍的货到付款、银行卡付款外,开通微信支付、支付宝支付等多种支付方式。

随着社交媒体的飞速发展,营造良性的社交互动氛围,打造新的生态交易圈,是电视购物行业不能忽视的方向,社交媒体为电视购物带来思维模式和方式方法的升级。快乐购总经理唐靓在峰会上规划了这样的图景:电购的呈现方式越来越多元化,除了传统的电视购物节目外,还有《我是大美人》这样的时尚节目和购物网站、App上的定制视频。观众通过不同终端收看视频节目,通过社交媒体进行信息置换,社群内意见领袖再次发酵言论,通过推荐、试用的方式引导社群内其他成员产生消费冲动。最终,成员可通过电话订购、在线订购、手机订购等多重方式

---

① 《中国电视购物白皮书(2014)解读》,中国社会科学网,http://www.cssn.cn/ts/ts_wxsh/2015 07/t20150702_2062089.shtml。

"电视购物"的社群交易模式

下单,达成交易。以湖南卫视的《我是大美人》节目为例,节目定位为一档美妆时尚节目,但其打造的是针对时尚女性的全媒体产业链,包含了电视、电购、电商、App 等。《我是大美人》的理念是将节目内容和商品相结合,观众在收看电视节目的同时,可以通过电视购物热线、微信、App、网站等实现"即时购买",边收看边消费。在各平台还会进行商品推荐的二次发酵,通过购物专家、客服人员、网络达人等在不同群体间实现互动,激发观众的潜在购买愿望。整合不同平台、渠道的资源,将内容与商业一体化,会是未来电视购物行业的新格局。

第一章

购物专家——拥有营销能力的主持界新秀

第一节 购物专家的界定

购物专家这一角色形成于电视行业大转型、媒体分众化、频道专业化发展的特殊时期。新中国成立以来,中国媒体发展秉承的是中央、省、市、县"四级办电视"的方针,这样的运营机制在特殊时期曾经发挥过至关重要的作用,但其带来的重复制作、重复播出也造成了频道资源的严重浪费,一部电视剧热播,多家省级电视台同时播出的情况并不鲜见。各省级电视台不能形成自身特色,竞争无序而混乱,无法锁定目标受众群。各市、县级电视台制作能力有限,只能在中央台和省级台的边缘游走,依靠仅有的一点地方特色和购买的电视剧、电视节目勉强支撑。整体来说,高度行政化的行业发展方针严重干扰了电视行业的有序竞争和合理发展,迫切需要转型。

媒体分众化、频道专业化在这样的行业背景下应运而生。在新的竞争格局下,电视台之间的竞争转变为频道间的竞争。频道专业化其实应对的是更加细分的受众定位,将频道的特色和受众的喜好相互结合,形成更具收视黏性的电视节目,抢占市场份额。频道专业化后,频道之间的资源配置更加合理,定位更加明确,对受众的划分进一步细化。例如新闻频道全天24小时碎片化新闻的滚动播出,迎合的是关心时事的受众的需求;少儿频道的受众定位就是不同年龄段的小朋友。同样,电视购物频道也是在频道专业化的发展潮流下开办的,受众定位是热衷消费的中老年人群。在媒体发展的大趋势下,电视购物频道和其他专业化频道一样,集中精力打造了一批受众定位准确、针对性强、紧扣消费者需求的高品质电视购物节目,从而培养了一批忠诚的频道用户,打造了独具特色的品牌形象。

媒体分众化呼唤更多有专业背景的"专家型"主持人出现。栏目的制作水准、受众的审美趣味都对主持人的专业水平提出了更高的要求,主持人仅靠念稿子完成播出的时代一去不复返,主持人不仅要伶牙俐齿,还要成为相关领域的半个专家。新闻节目的主持人往往有一线记者的从业经历,熟悉新闻生产的每个流程;财经节目的主持人要对金融知识如数家珍,洞悉国家的相关经济政策。同样,电视购物节目主持人也是能够驾驭电视购物这一特殊要求的专家。在电视购物节目中,主持人的职责是串联节目、推介商品,在商品和观众(消费者)需求间搭建桥梁,促成即时消费。电视购物节目的主持人也叫购物专家,是既谙熟观众消费心理、掌握专门营销技巧,又善于在镜头前呈现、用语言引导消费的复合型人才。

东方 CJ 购物频道的当家花旦杨楠就是在这样的需求下脱颖而出的,她清新、优雅、睿智的形象深入人心,拥有一大批忠实的会员用户。其稳重亲切的语言风格像一阵清风,吹走了直销时代的雾霾,为电视购物节目注入了新的生命力。杨楠的复合型知识结构为她成为一名"专家型"主持人打下了坚实的基础,她本科就读于中国传媒大学播音与主持专业,后攻读香港大学工商管理硕士。在加盟东方 CJ 之前,她是北京电视台的一名主持人,传媒思维和营销思维在杨楠那里被整合得恰到好处。富有亲和力的形象、从容自信的谈吐、从观众需求出发、客观不浮夸的销售策略,使得她迅速成为东方 CJ 主持人队伍中的领军人物。杨楠的定制栏目《明天璀璨珠宝馆》每周三 20:00 在东方 CJ 购物 12 频道直播,所售商品为珠宝、玉石、名表等高单价商品。在杨楠主持的节目中,各门类商品专业知识信手拈来,她不仅谙熟钻石、红宝石、蓝宝石、翡翠、软玉、紫砂、瑞士表的市场价值和价格走势,还教观众如何鉴别它们的真假和级别,打消观众在购买高单价商品时担心买到假货和行情走低的疑虑。

杨楠在推荐一款售价 19 800 元的和田玉手镯时，将和田玉的相关专业知识融入了话语中，正所谓"教买不叫卖"，体现了一名专家型主持人的专业水准。

杨楠：大家好，欢迎收看东方购物。在东方购物的节目中，和田玉已经阔别很久很久了，因为我们很难拿到品质非常上乘的和田玉。几乎是断货两年之后，东方购物再度回归，给大家带来的是真正达到一级白的和田玉大手镯。在东方购物，一、买保真的和田玉，二、我们几乎是产地直供，可以说给了大家全渠道最低的价格。如果您想在春节时既带出美又带出味儿来，那就一边看一边来抢现货。今天只有 20 只手镯，多一只都没

图 1-1　东方 CJ 购物专家杨楠

有，什么时候再直播，时间并不确定。现场请到的是来自金地珠林的特约嘉宾，欢迎您！

厂商代表：杨楠老师好，东方购物的观众朋友大家好！随着和田玉资源的不断开采，国家在 2007 年的时候对和田玉资源进行了保护，市面上已经到了"一玉难求"的地步，好的和田白玉更是难求。今天金地珠林为大家带来的就是和田白玉的手镯，如果您懂玉、爱玉就一定不要错过。

杨楠：是的，东方购物上一次直播和田玉还是两年半前，是在 2013 年的时候，2014 年没货，2015 年拿到一些有裂纹的或者是颜色没有达到白这一级别的，我们也没有来做直播。两年之后，终于拿到 20 只现货来回馈大家。在这两年之中，多少人想买上乘的和田玉就真的是买不到。这么一只手镯，市面的价格是七八万左右，而且我们手镯的器型是内圆外圆的，不是扁扁的

那种,就更显得富贵,在古代就是皇后或者皇帝最宠爱的妃子所戴的器型。这个市场价七八万的手镯,东方购物只卖 19 800 元,并且还要送大家一个镯心料打造的挂牌,和我们的手镯是同根同源。挂牌的尺寸非常大,几乎等同于一个鸡蛋大小,放在车上当车挂可以,挂在胸前也是可以的,正反都雕上了"平安无事"的造型,过年的时候不管自己佩戴还是送人都非常好看,搭配皮草、大衣都非常合适。那么这样一个和田玉的挂牌,在门店的销售价格是多少呢? 18 900 块。光这一个赠品的价格和我们今天全套的价格是相当的,基本那个手镯相当于是送您的。

在节目的第一部分,杨楠首先强调了商品的货真价实,并且赠品的市场价接近主品在节目中的价格,十分超值。

杨楠:那么东方购物两年多没有销售和田玉,因为我们拿不到上乘的好料,市面上偶尔看到一些好料,但是它的价格可能让很多人瞠目结舌,因为每三个月到半年,和田玉的价格都在变动。因为什么涨得那么快?

厂商代表:和田玉在 20 世纪 60 年代,每克只要 65 元,但是到了 2015 年竟然蹿到了 5 万,为什么呢? 因为它的开采已经殆尽。

杨楠:2007 年《禁采令》颁布,好的料越来越稀缺。而且和田玉是看颜色的,我们今天给您介绍的是真真正正的白玉,白玉是最少、价格也是最贵的,近几年的价格波动也是最大的。在和田玉所有的等级中,最高等级是羊脂白玉,我们今天带到的是稍次的一级白玉。羊脂白玉这样的一个手镯大概需要 20 万—30 万,其实我们的玉料和羊脂白也是无限接近的。大家看下面的碧玉就是另外一个品级了,当然价格也不会有白玉这么贵。左边的青白玉大家看一下,顾名思义,就是间于青玉和白玉之间的,白玉中带了很重的青色,就是青白玉,那咱们今天的叫一级白玉。颜色差一级,价格在市面上就会差 2 万—3 万。

那么说完色级,就要说到真假的问题,必须要给大家看四张证书。为什么是四张证书？以前咱们卖珠宝就一张证书，今天怎么上来就配了四张证书呢？首先给大家看的是国家宝玉石饰品鉴定证书，我们今天的主品大家来看一下鉴定，和田玉，而且是白玉，是对颜色的鉴定，买和田就买白，就像你买翡翠，正阳绿肯定是最贵的。第一张证书，保真又保颜色。第二张证书是挂牌的证书，来自我们同根同源的镯心料，也是非常珍贵的。

那接下来给大家看什么证书呢？这两张证书是新疆维吾尔自治区产品检验监督研究院、新疆维吾尔自治区和田玉产品质量监督检验中心，这是来自新疆的证书，一张配给主体的手镯、一张配给挂牌。新疆的和田玉检验中心是非常权威的，在拍卖行里，国检证书可以没有，但是新疆的证书是一定要有的，来自原产地的证明。

在这一部分，杨楠就和田玉为何售价如此高昂从多个层面为观众提供了解释：第一，《禁采令》导致原材料紧缺，并且价格还会持续走高；第二，和田玉不同色级间的价格差别巨大，一级白玉为市场稀有，售价仅次于羊脂白玉；第三，国检和新疆检测中心的证书保证了商品的货真价实。杨楠在节目中很少夸大、刻意抬高，而是用一种客观的方式帮助观众分析，不替观众做决定，取得了非常好的效果。

杨　楠：和田玉的学问非常大，我们今天也请到了上海宝玉石协会的副理事长侯老师来到现场给我们做见证，欢迎您。侯老师在珠宝行业工作了很多年，是国家级珠宝师。那么，今天在现场不妨给我们介绍一下，什么才是真正好的和田玉？怎么样来挑，怎么样来鉴别？

侯老师：好的，我们看到在现场有几块玉料。大家很想知道现在和田玉为什么这么贵？要从了解原材料开始。因为从 2007 年国家公布了《禁采令》开始，国家为了保护资源、限制开采。我去过新疆当地的一些玉矿，就发现没有一个玉矿是可以通过交通工具直接到达的。很多玉矿车到那儿没有路了，要走好几天，走到深山里去。玉矿的坑口海拔都在 4000—5000 米，在这样高寒、缺氧的地方，不要说人无法适应，机器都会因为缺氧没法作业。

杨　楠：所以只要是和田玉，甭管什么成色，都是难能可贵的。

侯老师：是的，我们行业内的玉雕大师，他们是非常珍惜玉材的。

杨　楠：那您帮我看看这块玉料，这么看它的成色还是比较润的。

侯老师：杨楠说得很对，这块玉料不是特别白，应该算作青白玉，但是你看它的润度非常好。作为和田玉的一个评价标准，滋润度是非常重要的。

杨　楠：就是要那个油油润润的劲儿，甚至要有点像小叶紫檀，能带出点包浆的感觉。

侯老师：您是行家！

杨　楠：哈哈。我们来看一下，侯老师刚刚说这是块青白玉，我们把今天的主品和它比较下，看看颜色差多少？有很大的区别。颜色差一级，价格差两到三万不等。和田玉最推的还是白色。那么我们看看旁边这块怎么样？

侯老师：这块的颜色就白了许多，但是它的杂质很多，还有裂很多。

杨　楠：这个下面的是裂纹，如果裂纹多了也是没有办法做手镯的，做个串珠还可以。

那么还有一块就是我们金地珠林带来的，做一级白和田手镯用到的材料。

侯老师：对，那大家看这个就非常白了，就达到一级白的标准了，而且很润。

杨　楠：侯老师能不能给我们解释一下玉料上画的三个圈是怎么回事？（如图1-2）

侯老师：其实这是我们行业里师傅在做手镯时先画的规划图。因为人的手有大小，有的手寸要60毫米，

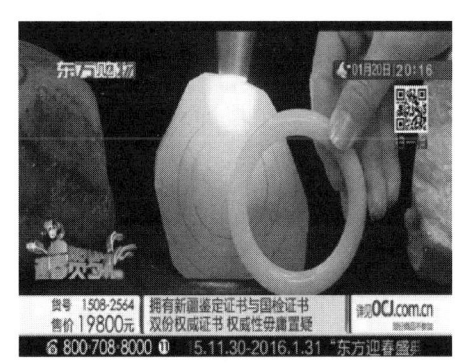

图1-2　工人师傅在玉料上画的规划图

小的可能就 55 毫米。

杨　楠：因为咱们这个器型是通体圆形，一般手镯是扁镯，我们的手镯会比市面上常见的内径是平的"平安镯"耗料多 1—1.5 倍。人家做两个镯子，我们做一个镯子。那这块料颜色怎么样？

侯老师：颜色还是不错的，但我们这块料是做不出这个手镯的，因为它中间有道裂，我们要把它避过去。所以这么大一块料，还是出不了一个手镯。

杨　楠：但是我们今天在东方购物承诺，您买到的手镯没有任何裂纹，您买到的是通体一级白的、接近完美的正宗和田白玉。

这一段淋漓尽致地体现了杨楠作为一名购物专家的丰富积累。在和宝玉石协会专家的交流中，杨楠不仅对所售商品了如指掌，还能突破性地将其他种类的商品（如翡翠、紫砂）等与之对比，将一些专业化的术语，如油润度、裂等用一种更通俗的方式呈现给观众。她还设计了一些细节来表现商品，用工人师傅在玉料上画的规划图来告诉观众，如此大的一块玉料都无法做成一个成品手镯，观众可以更加直观地体会到商品的珍贵、稀缺。

第二节　购物专家的角色定位

购物专家以电视媒介为平台，以有声语言为传播手段，属于媒体工作者；在节目中以促成即时消费为目的，其角色又带有商业特征。由于销售形式的特殊性，购物专家的角色定位既不能完全等同于传统的电视节目主持人，也不同于一般零售业的销售人员。作为从事销售工作的主持人，购物专家与生俱来带有媒体和商业的双重属性。

（一）购物专家的媒体属性

1.购物专家从事大众传播工作

购物专家在电视媒介上从事商品信息传播工作，是大众传播工作者。

传播的路径是点到面的传播，"点"即从事电视购物的媒体平台，"面"即数量众多的消费者。信息主要是由"点"单向流动到"面"。大众传播工作最大的特点是借助大众传播媒介（电视）来实现最大范围内的信息普及，对传播工具的利用能力很考验购物专家的基本功，其在镜头前的表现力、语言的组织能力、临场反应能力都会通过电视镜头准确直观地反映出来。购物专家是有声语言工作者，也是主持人队伍中年轻的成员。和传统电视节目主持人一样，购物专家同样需要考取《播音员主持人资格证》方可上岗。

但购物专家和传统电视节目主持人在传播内容和传播目的上仍有区别。传统电视节目主持人传播内容为新闻、生活服务、综艺娱乐等信息；购物专家传播的是商品的性能、价格等信息。传统主持人通过有声语言和副语言，最大范围地让观众接受信息，从而达到引导舆论、教化社会、陶冶情操等目的；购物专家引导观众在有效时间内购买商品、达成交易，购物专家的订单交易量是衡量其是否合格的决定性因素。

2. 购物专家代表媒体的公众形象

电视节目主持人属于公众人物，其形象不仅代表自身，更代表所属的媒体。购物专家不仅是商品的代言人，更是媒体的形象代言人。各大购物频道逐步培养了一批有诚信度、美誉度的购物专家，他们代表了各自平台的形象——专业、亲和力、值得信任。购物专家是购物频道的代言人，观众因为信任频道而信任购物专家，也会因为信任购物专家而更加信任其所属的平台，购物专家和媒体具有密不可分的关系。

大众媒体是一把双刃剑，既赋予了购物专家相应的知名度和明星效应，但同时购物专家如果有负面新闻也会加倍放大，从而对自身和媒体的形象造成难以挽回的损失。有些购物专家为了一档节目的达标率，故意美化商品、夸大功效，观众当时被打动，下了订单，收到商品后发现和宣传不符，纷纷退货。久而久之会极大损害购物专家和频道的公信力。

购物专家借助大众媒体成为公众人物，获得较高的知名度和影响力，但同时也要承担相应的社会责任。购物专家应该合理利用媒体给予的"明星光环",为社会和民众谋福利。很多购物专家参与到各种形式的公益活动中,如快乐购的购物专家为贫困儿童募集免费午餐的资金,环球购物的购物专家联手 HIT FM 国际流行音乐广播为小学生开设音乐课堂,敲响了一连串爱的音符……他们以不同的方式回馈社会。

图 1-3　环球购物的购物专家参与环球购物主办的让爱响起来"HIT FM 环球音乐教室"公益活动

(二)购物专家的商业属性

1.购物专家在节目中从事销售活动

购物专家在节目中销售商品,这和一般主持人的工作性质有很大不同。大众媒体的节目具有教育、娱乐的社会功能,大众通过节目来达到放松消遣、接受教育的目的。唯独电视购物节目具有销售商品的功能,购物专家在节目中介绍商品信息,刺激观众的购买欲,因而具有商业属性。

对购物专家的衡量标准是其销售的数量,而一般节目主持人的考核标准是收视率。购物专家只有销售额达到一定数量才算达标,并不十分重视节目的收视率。

2.购物专家帮助建立品牌形象

广告的效用在于塑造品牌形象,间接提高商品销量。一条成功的广告可以让某一名不见经传的商品成为炙手可热的品牌,例如那句耳熟能详的"钻石恒久远,一颗永流传",这条来自戴比尔斯的经典广告语,甚至带动了一个产业的发展,让钻石成为见证男女爱情的信物。一句简单的"味道好极了"也让雀巢咖啡成为家喻户晓的品牌。广告的魅力在于让商品品牌走进千家万户,但其并不能直接提高商品的销量。

电视购物与广告有所不同,电视购物能产生即时消费,可以直接提高商品销量。但不可忽视的是,电视购物也通过一种隐性的方式塑造着品牌形象,如惠人原汁机、双立人刀具、康宁锅等已经成为电视购物的固定合作伙伴。这些品牌通过长期和各大购物频道合作,逐步打开市场,在观众心中从陌生变得熟悉、值得信赖。当购物专家在节目中挽起袖子,用康宁锅炖出一锅香喷喷的鸡汤时,这个中国人难以想象的用玻璃做锅的品牌,因为购物专家的推荐而变得熟悉、亲切,购物专家和品牌形象之间画上了等号。购物专家不仅要提高销量,同时还要维护品牌形象,扩大其社会影响力,建立和商家良好持久的合作关系。

3.购物专家帮助建立频道形象

购物专家的形象在一定程度上代表了频道的形象。购物频道利用各种方式打造属于自己的购物明星,如好享购举办的购物专家大赛,通过观众投票的方式选出最受认可的主持人,被选出的明星主持人借势带动商品的销量和频道的发展。

购物频道为一批受认可、个性风格较突出的购物专家打造自己的专属节目,如"明明购实惠""丹丹惠生活""寇美人的时尚派对""跟着高黎学收藏"等。观众可以在东方购物的网站里,通过搜索主持人来查看他们的节目,对商品的青睐很大程度上源于对主持人的信任。在不久的将来,电视购物会真正意义上进入"主持人"时代,观众会冲着喜爱的主持人而购买商品。购物专家与频道互相借光,频道培养购物专家,一批权威、有良好口碑的购物专家会协助频道塑造有公信力的品牌形象。

购物专家的双重属性是其不可或缺的两个部分,是帮助其正确定位的重要因素。然而一直以来,在购物专家的角色定位上,一直侧重于"商业属性",而轻视"媒体属性"。过于强调销售能力,而忽视其作为公众人物应承担的媒体担当和社会责任,这才导致了电视直销时期"捞一票"就走的情况屡屡发生。有的购物专家不爱惜羽翼,信口雌黄,让这个行业进入了恶性竞争的怪圈。实事求是的购物专家反而不如夸大其词的同行业绩好,极大地挫伤了一些人的信心,最终离开这个行业,造成了人才的流失。

第三节　购物专家的职业要求

一、诚信度和美誉度

在物欲横流的现代社会,在名与利的双重诱惑下,主持人的诚信度、美誉度是最受考验的,这既体现了大众期待的关键、国家监管的重点,也是自身发展的必然需要。在明星光环的笼罩下,主持人有责任和义务坚持正确的道德方向,不以虚假的节目内容欺骗观众,用健康、真实、客观的信息提供服务,塑造过硬的诚信度。

电视购物行业和经济直接挂钩,购物专家销售情况的好坏直接决定着其收入的高低。在电视直销时代,由于缺少监管,在经济利益的驱使下,主持人以高度夸张的表演来夺人眼球。在明知销售的商品只是一般食品的情况下,仍夸大其对某种疾病的治疗效果,蒙骗消费者,怂恿消费者为假冒伪劣产品埋单。

当一位知名主持人以购物专家的身份出现在节目中时,更要慎重对待自己说的每一句话。知名主持人积累了一定程度的公众影响力,很受老百姓的喜爱。主持人在成名后更要谨言慎行,爱惜羽翼,维护来之不易的公众的信任。如果一时被利益冲昏了头脑,很容易做出伤害观众、伤害自身形象的事情来。著名主持人程前就曾经参与电视购物节目,涉嫌夸大产品效果,而被中国商业联合会媒体购物专业委员会通报。他在电视购物中宣称每天补充某保健品,就可以让体内增加30%的养生菌,提高免疫力,百病不侵,同时还渲染了万人追捧的热销场面。很多人因为喜爱程前、相信程前而购买该产品,最后发现该产品并不具有电视上宣传的神奇效果。

台湾的购物专家在行业发展初期也有过类似的事件。在台湾,收看电视购物的消费者很多都是女性,丈夫们包养情人是她们的心病。购物专家利用她们的心理弱点,在节目中影射年轻的情人们爱穿某品牌的内衣、爱用某品牌的皮包,暗示太太们如果不选择他们的产品就会落后于旁人。这样的舆论导向对当时的社会风气造成了很坏的影响,不久业内明令禁止这种宣传方式。

国家开始在主持人的诚信度方面加强监管,十二届全国人大常委会第十四次会议表决通过了新修订的《广告法》,于2015年9月1日起正式施行。新法与旧法相比,对广告中的极限用语做了严格的限定:极限用语不得出现在商品的列表页、标题、副标题、主图、详情页,以及商品包装等位置。使用极限词语的违规商家,将被扣分,并处20万元以上100万元以下罚款,情节严重者将被直接封店;顾客投诉极限用语并维权成功后,赔付金额将由商家全部承担。

这一举措无疑对整个电视购物行业是个巨大的冲击,在近乎苛刻的规定下,购物专家一时间不知如何张嘴。新《广告法》将电视购物节目纳入整改范畴,在业界引起了不小的争议,对于这样一种特殊的节目形态,是否适用于《广告法》还有待学界和业界进一步探讨。然而购物专家进一步规范语言、提升信任度是必然趋势。在这个不断被质疑的行业,电视购物专家更需要公信力,才会有助于自身及整个行业的发展。东方购物的一则公益广告讲述了这样一个故事:一位生活在上海普通弄堂里的老奶奶办了一个报摊,报摊无人看守,每天来来往往的买报人拿了报纸,主动把零钱放在一个饭盒里。数十年如一日,卖报的钱从来没有差过一分,即便有人当时没有零钱,第二天也会记得还过来。买报人和卖报人彼此信任,才有了小小报摊日复一日的坚守。正如这条公益广告的题目《有信赖，有未来》所指，只有赢得信任，才会有更好的明天。

二、丰富的知识结构与人生阅历

现阶段，我国购物专家来源较复杂：有播音主持科班毕业的，有声乐、表演等艺术类行当转行的，还有社会上爱好购物专家这一岗位的。随着频道的专业化、细分化，购物专家队伍急切期待专家型主持人的加入。就目前的购物专家队伍来说，复合型知识结构的人才偏少，播音主持的基本功过硬并且精于销售的人风毛麟角。由于半道出家的人比较多，很多购物专家没有接受过系统的基本功训练，在主持的时候气虚、气浮，说长一点的句子就上气不接下气。有很多人连基本的吐字发声都做不好，大舌头、吐字含混不清的问题频出。还有些购物专家没有基本的销售知识，不懂得抓住消费者的心理，致使大量客户流失。

随着商品种类的细分，电视购物节目还急缺擅长某一种类型商品销售的购物专家，特别是收藏类、奢侈品类等专业性较强的商品。收藏类商品往往需要对书法、绘画、雕刻等艺术门类有广泛的了解，能够对一些大师的作品、流派、风格有较细致的研究，这样才能够吸引懂行的人来购买。能驾驭这种类型节目的人，必须具备收藏和鉴赏的专业知识，这种专业人才十分稀缺。东方购物的高黎是一位非常难得的精通收藏品的购物专家，她在节目中可以把复杂难懂的专业知识变得通俗易懂，让观众走近收藏品，喜爱收藏品。她曾经在节目中推介一款"青花釉里红"的花瓶，而对于什么是"青花釉里红"，大多数观众并不清楚，高黎在节目的一开场这样解释：

青花釉里红是在青花和釉里红烧造的基础上制成的，这种以氧化钴为着色剂的青花料和以氧化铜为着色剂的釉里红色料所绘制的釉下彩综合式的装饰，既有青花青翠品澈、幽靓素雅的特色，又有釉里红瑰丽而沉静、艳媚而不浮躁、热烈而又含蓄的特色。二者的长处有机融合，既素雅又艳丽，形成了青红相间、冷暖相衬、动静相映的审美特征，这种在一件器物上同时使用铜和钴彩绘的工艺，可谓精彩华美之至，也价值非凡。

知道了什么是"青花釉里红"，观众又会好奇它是怎么煅烧出来的，为什么这么珍贵，于是高黎继续介绍道：

电视机前的您有所不知，釉里红的成色由氧化铜绘制煅烧而成，氧化铜在摄氏 800 度以上即会蒸发，但钴蓝成色的温度却高达摄氏 1 300 度；要同时保持青花和釉里红成色，多少有点侥幸。所以烧制釉里红，从颜料配制和自始至终的制作工序都要十分严格，稍有偏差就有整窑报废之可能。我曾闻先辈说过烧制釉里红，十能出一者，可谓佳矣！这是对烧制釉里红难度大的写照。

高黎的推介让观众了解到"青花釉里红"烧制难度大、成品率低，这才导致了如今一瓶难求的局面，这样珍贵的器物价格偏高也是可以接受的。这档节目取得了非常好的播出效果，100 多只花瓶被一抢而空。

同样，丰富的人生阅历也是购物专家所必需的。中国的主持人队伍一直就有偏年轻化的问题，荧屏上以年轻靓丽的面孔居多而成熟有经验的偏少。在国外，新闻节目的主持人一直是 50 岁左右的中年人来担当，基本都有过 20 年左右的记者经验。购物专家这个群体也不例外，打开 QVC，购物专家基本都是中年的主妇型主持人。而在我国，购物专家毫无例外的都是年轻人。很多刚刚从学校毕业就走上电视屏幕的年轻人，连菜市场都没有去过，更谈不上生活的经验和人生的阅历，却在电视上充当起了生活的专家。有的购物专家在演示产品的时候要切菜炒菜，却连刀铲都不会拿。这样的购物专家推荐的产品，怎么能让人信服呢？一次，一位购物专家接到了一件其他购物专家都不愿意接的商品——榨油机。这款榨油机之前卖过几次，销量很不好。这位购物专家很疑惑，回去问他的母亲会不会购买这款榨油机,母亲表示不会,因为直接购买食用油很方便,不会自找麻烦榨油吃。购物专家给他母亲算了笔账:一家人一个月油钱150元,一年1 800元。榨油机的价格是900,只有不到一半的钱。除去榨油的成本——一斤花生的价格,一斤半花生出一斤油,比花生油的市场价低很多。现在人注重生活品质,自己榨的油没有勾兑添加剂,符合绿色健康的生活理念。母亲被他说服了。这套富有生活经验的推介在节目中大放异彩,很快将这款榨油机销售一空。

三、共性与个性相得益彰

共性特指购物专家共同拥有的特质,个性指的是每个人独立拥有的传播特色。在我国主持人队伍中,共性突出、个性不足是个普遍问题。这与我们长期以来的选拔机制和培养机制不无关系,但是随着社会的进步,政治、经济、文化的发展,群众的审美在不断变化,人们在寻求个性化和多元化的突破。

在一定的发展阶段,共性的强调对规范整个行业的发展有着举足轻重的作用。在电视购物行业发展的初期,购物专家业务极不规范,水平良莠不齐。此时强调共性有利于行业统一标准,从整体上提高行业水平。而到了稳定成熟的发展阶段,观众会对千篇一律、人云亦云的表达产生审美疲劳,转而希冀个性化的传播与表达。

个性化并不等同于个人化,不是自我的展示。个性化强调个人的风格与节目风格的和谐统一,在准确表达所需内容的基础上,形成有特色、有风格的表达。如果把自我甚至私我的一面带到节目中,过于强调个人感受,就不能行使好公众赋予的话语权。某著名体育解说员曾经在比赛中大喊"让他们滚蛋",将自我的感受带到节目中,造成了恶劣的影响,电视台不得不临时更换解说员。

个性化不能狭隘地理解为标新立异、孤芳自赏或者装腔作势。共性和个性是相互依存的关系,如果说共性是一棵树的树干,个性就是这棵树上姿态最美的那根树枝。个性扎根于共性,共性为个性服务。"在共性原则下的主持人节目个性从主持人角度要求的是,主持人的认识及表达方面的个性在传播中的融合,诸如独特的视角、独特的思维方式、独到的见解、独创的构思、独有的感受、独具特色的表达。"[①]某购物专家在销售商务用车时,为了把自己打造成商务精英的感觉,说话拿腔拿调,故作老成,令人啼笑皆非。这种对个性肤浅的理解,势必造成实践中的错位。

---

①　吴郁:《当代广播电视播音主持》(第二版),复旦大学出版社 2008 年版,第 80 页。

第二章
购物专家必备的核心能力与综合素养

购物专家是主持人队伍中的新成员,是兼具媒体属性和商业属性的新型复合型人才。这两种属性环环相扣、相辅相成,媒体属性对应的是大众传播能力,商业属性对应的是营销能力。从电视直销时代到电视购物时代再到电视购物频道时代,对购物专家的核心能力和综合素养一直有着不同的要求和标准。经历了行业发展的大起大落,业界对购物专家的能力认识也逐渐从混沌到清晰,最后基本达成共识。在媒介融合的今天,节目形态在不断发展,但是对购物专家的基本能力要求却相对稳定。不论媒体如何发展,对于购物专家来说,营销能力与大众传播能力始终是核心竞争力。

第一节 购物专家必备的核心能力

《新闻学大辞典》中这样界定电视节目主持人:"电视台中以某个人的身份在摄像机前主持某个固定节目的播讲者。其特征不是照本宣科,而是具有创造性的临场发挥才能。节目主持人或是参与采编、制作全过程的节目的主要编辑和制作者,或是部分参与节目的编辑、制作。"这是中国电视事业发展早期对电视节目主持人工作性质的认识,虽不够全面,却也大致能够概括出主持人工作的基本特点。随着电视媒介的日益发展,对主持人的要求也水涨船高,观众不再满足于"报幕员"式的主持人,在镜头前仅凭着提词器逐字逐句念稿子的主持人逐步被淘汰。主持人需要从策划开始,参与节目的采访、播出、编辑、后期制作等过程,主持人具有的全方位复合型才能,被称作"五位一体"核心能力。主持人是节目的呈现者,现场部分看似一蹴而就,却需要主持人从始至终的参与和关注。这并不意味着主持人要包办导演、记者和后期人员的工作,而要体现其对全局的"把控"和"驾驭"。主持人要熟悉节目的各个环节,能够从一定高度把握和引导节目,起到宏观调控的作用。

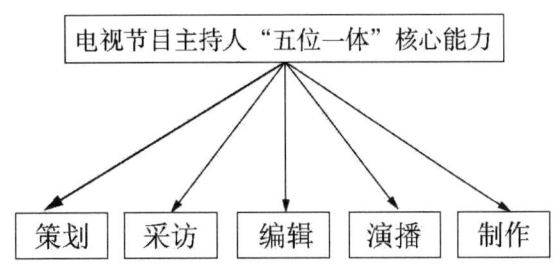

图 2-1　电视节目主持人的"五位一体"核心能力

作为电视节目主持人队伍中的新成员——购物专家,同样也面临着这样的考验。一档完整的电视购物节目从酝酿到播出包含这样几个环节:(1)开制播会,策划节目创意、研究商品卖点;(2)录制小片;(3)演播室直播;(4)节目制作与包装。从中我们不难发现,策划、采访、编辑、演播、制作的核心能力贯穿始终。从前期的策划创意到节目播出的整个过程,购物专家都要参与。特别是在直播时,他们不仅要串联所有环节,根据 PD(导播)的指示及时调整话语,还要和现场的嘉宾有效互动。因此,在购物专家的核心能力中,语言能力、策划能力、控场能力、互动能力成为四大基本构成,将在下面的章节中逐一为大家解析。

一、营销语言能力

购物专家是语言工作者,其所从事的工作和语言息息相关,语言能力一直以来就是购物专家培养的重点。购物专家使用的是营销语言。在很长一段时间内,由于对营销语言的错误理解,造成了在使用时的种种误区:为了片面吸引观众注意,一味大呼小叫,吆喝商品;用夸张、虚假的形容词来夺人眼球,如 xx 产品全球首创、世界第一、绝无仅有、超级好看、巨耐用等。相信这样的宣传词大家一定不陌生:

传统治疗腰椎间盘疾病的方法已经进入徒劳无功的可怕误区,你应该立即使用全球顶级腰椎复原专家:英国欧汇腰椎挺。停服所有药物,拒绝手术开刀!28 天复原腰椎,高效、健康、神奇!一套英国欧汇腰椎挺,包含太空船自发热材料、4 条智能牵引钛金、8 块海豚超声能量块、1 200 枚深海磁点、3 600 个智能负离子纤维发射点,连续使用 8 000—10 000 小时,多效合一,专治腰椎病,这就是英国欧汇腰椎挺。全球顶级腰椎复原专家,使用后 3 分钟挺直腰背,10 分钟带走酸胀痛的感觉,1 小时后腰腿恢复灵活,28 天腰椎就可以恢复到正常人的状态,一次治好腰椎病。

"停服所有药物,拒绝手术开刀""高效、健康、神奇""一次治好腰椎病"这样的语言在电视直销时代屡见不鲜,对购物专家的公信力造成了极坏的影响。在电视购物进入理性发展的今天,购物专家应该用什么样的语言来与观众交流呢?

(一)艺术的营销语言

艺术的语言是指用创造性的方式、方法来表现语言,让语言更加准确、鲜明、生动,从而形象地反映表达者的传播目的。购物专家从事的是有声语言再创造的工作,这个再创造的过程,其实就是将生活化的语言转变为艺术化的语言,以适应播出和销售的需要。优秀的购物专家善于利用富于艺术感染力的语言,让自己的形象更加富有亲和力和个人魅力。

1. 字音的清晰度和悦耳度

好听的声音能给人听觉上的享受,同样好听的声音能吸引人的关注,使听众愿意倾听其讲述的内容。人们常用"大珠小珠落玉盘"来形容人的声音悦耳——像一颗颗珍珠落在玉盘上。这里面包含两层意思:第一,字音要清晰、准确;第二,字音要悦耳、动听。

怎样才能做到字音清晰、悦耳呢?主持人的发音器官不能有病变,声音不能暗哑,不能是烟酒嗓。在广播电视事业发展初期,挑选播音员主持人时倾向于宽音大嗓,偏爱音域宽厚的嗓音。随着社会的发展,观众的审美也日渐多元化,不再仅仅局限于某一种类型的嗓音。但是无论审美如何发展,有一些基本标准是不会变化的,那就是准确、清晰、圆润、集中、流畅,气息扎实、有穿透力。只有保证了吐字发声的基本要求,才能把商品的信息客观真实地反映给观众,同时让观众欣赏起来具有美感。

2.语言的真诚度

直销时代我们经常会看到有些主持人大喊大叫、"吵架"似的推销商品,语言缺乏真诚感,让消费者很难信任。甚至现在提到购物专家,很多人脑子里还是会浮现出语气夸张、音量爆棚的主持人形象,这固然是一种偏见,却值得我们反思。

在我们把销售活动搬上电视荧幕之前,销售主要是通过沿街叫卖或者开设店铺来完成的。不管是沿街叫卖还是店铺销售,都需要店家大声地卖力吆喝,才能吸引顾客光顾。几家商铺之间抢夺客源,店家为了吸引顾客,比的就是谁的嗓门大。这种做法在传统店铺式销售中确实可以赢得关注度,因此一直沿用至今,每逢新店开业或者举办大型促销,商家为了招徕顾客,会用高音喇叭播放音乐并请司仪语调激昂地主持活动。

这种用音高吸引注意力的方式在人流嘈杂的闹市区是必要的营销手段,然而运用在电视购物节目中就有些不合时宜了。电视观众并不是逛街的市民,观众的注意力集中在电视节目中,因此不需要用音高来刻意强调和抓眼球。观众收看电视时一般都是在家庭这样比较安静的场所,高分贝的音量会和环境形成巨大反差,破坏收视效果,让人感觉购物专家不够真诚,在夸张宣传。优秀的购物专家会用真诚、自然、舒适的语调,让观众在轻松愉悦的氛围中接受商品。

3.节奏的恰切度

在电视直销时代,主持人说话总是带给观众一种紧张、焦躁的感觉,究其原因,在于主持人说话的节奏与语速过快。电视直销是厂商向电视台购买时间段,播出已经录制好的节目,每次播出时间10—20分钟,在形式上更像一种超长广告。电视台向厂商出售收视率较低的垃圾时段,价格相对便宜,但相对一般营销方式依然成本较高。厂商需要在不到20分钟的时间内收回成本,赚取利润,因此在节目中销售的大多是美白、丰胸、增高、减肥产品和保健品、医疗器械等暴利商品。主持人在短时间内为了完成销量,刺激观众购买欲,不得不加快语速,尽可能多地播出商品信息。在收看电视直销节目时,因为主持人的节奏和语速过快,经常会让观众产生焦虑不安的感觉。这种急促的话语风格,短时间内或许会起到诱导消费的作用,但长时间只会让人生厌和产生不信赖感。张弛有度的节奏才会让观众产生美感和信任感,掌握好说话的节奏,调整好语速的快慢,做到收放自如。节奏太快或者太慢都会影响信息的传播效果。

4.语言的流畅度

购物专家要口齿伶俐,在40分钟左右的节目中从头到尾一气呵成,语言清晰流畅,如行云流水一般,非常考验功力。如果在节目中语言干涩、停顿卡壳不断,会让观众的听感大打折扣,从而影响销售的效果。传统的播音员主持人在录制节目时都会使用提词器,保证语言流畅不卡壳。但由于电视购物节目的特殊性,需要主持人根据直播情况调整话语,就无法提前将台词准备好。失去了提词器的帮助,语言还要保证流畅、通顺,是对购物专家的巨大挑战。

(二)营销语言的艺术

同一款商品,有的购物专家无法完成指标,有的却可以达成他人数倍的销量;一款名不见经传的商品,经过购物专家的"画龙点睛",消费者便纷纷拿起电话下订单。问题的关键在于如何组织语言。初入行的人拿到一件商品时,只会翻来覆去重复那几个单调的形容词:好漂亮、真美啊、好好吃啊、太好啦、很划算啊。如此乏味的语言,连自己都说服不了,怎么说服观众?说话是一门艺术,要做到言之有物、言之有理、言之有情、言之有趣。

1. 言之有物

优秀的购物专家在推介商品时信息量丰富、内容充实,但初入行的人面对一件商品往往会有种无从下手的感觉,语言空洞乏味,有时啰啰唆唆说了一堆,却连基本的商品信息都没有交代清楚。我们来看一段案例:

大家好,今天为大家带来的是乔丹公司的奥利奥(什么是奥利奥? 为什么叫奥利奥? 如果没有图像,真不知道卖的是鞋)。大家都知道乔丹球鞋为大家带来的是深远的影响(品牌介绍只有空洞的一句话)。好,我们来看鞋的外表,乔丹的奥利奥是由全真皮包裹,非常非常靓丽(男鞋用靓丽来形容?)。球鞋的底座也是由碳纤维构成,具有非常好的可塑性,增加舒适度(还是不知道什么是碳纤维)。球鞋内部采用了棉材质,可以让大家在运动过程中感觉很清爽,同时在冬天还非常保暖。

在这段案例中,商品的基本信息残缺不全。作为一款世界知名品牌,购物专家对其却一带而过,浪费了一个极佳的卖点。商品的款式、颜色没有提及,形容词有失妥当。推介中提及最多的是商品的材质,却过于专业化,不能让观众很好地理解材质的优点,以及与市面上常见运动鞋的区别。

我们再来看一个比较成功的案例。

那我们一起来看今天这样一款家居服。首先我很喜欢这一件,它采用的是深蓝色和粉红色的一个结合,变得好粉嫩的感觉哦。你看圆领的感觉,粉红色,粉粉嫩嫩(女性喜欢的感觉),然后再往旁边看,短袖的设计,使我们的胳膊显得更细,而且这个地方是采用高弹性的面料,非常有弹力,所以即使像胖一点的妈妈们,你也可以穿哦,没有一点问题(比空洞的"商品适用于各种身材的人群"更到位)。而且它的长度您可以看到,在我们的膝盖这样的位置,在旁边还有我们开边的设计,这种旗袍款真的很棒(款式的介绍言简意赅)。我真的很喜欢它柔软的棉质,好想在上面磨蹭一下脸,好舒服(材质的触感)。这个材质一定要介绍一下,它是海岛棉,它有什么样的特点呢?可以看到它的耐磨性更加强一些,不容易起球。第二个呢,你看轩轩今天这一件,坐了已经很久了,都不会起皱,抗皱性很强,吸湿透气性也很强。真的吗?那今天就在我们的衣服上给大家展示一下。首先说到耐磨,品质好,那直接我在这边使劲地拉扯,如果普通的丝质衣服和涤纶衣服,早就已经拉开不像话了,而我们这件没有问题。好,再来,我把它直接拧成一团,三、二、一,打开!朋友们!有没有任何的褶皱,完全不复存在,所以真的是品质更好、吸湿透气的面料。(从耐磨、抗皱两个方面解释材料的优越性,以及和市面上普通的丝质、涤纶材质做对比)

2. 言之有理

言之有理,这里的"理",指的是生活常理。电视购物的消费者是有一定生活经验的群体,说服他们购买,没有理性的分析是行不通的。当观众面对一款商品时,会产生一个疑问:我为什么要购买它?购物专家需要通过一连串的设计,打消观众的疑虑。在推介 beko 对开门冰箱时,购物专家抓住观众产生疑虑的几个环节,按照观众的兴趣度高低,逐一解答。

疑虑一:商场中冰箱那么多,为什么要在电视购物买?

回答:性价比高于普通商场。

那接下来这档节目为大家带来的又是整机欧洲原装进口的对开门的冰箱,而且它来自 beko,而且也是东方购物在售的对开门冰箱中唯一一款整机都是欧洲原装进口的对开门冰箱。但是呢,只要讲到对开门,再想到原装进口的冰箱,大家说至少预算都在五位数以上;但是呢,这款冰箱在东方购物每一场都火爆的原因在于它把真正的性价比带给我们。

6 299 元的价格,厂商已经敢承诺他们是全上海最低价格了,东方购物还有以旧换新,所有以旧换新,家里面任何的四大家电拿来我们都可以帮你抵扣掉 300 块,等于只花 5 999 元,那这个已经是最低价了,这个就是最最最低价了, 5 999, 就是 6 000 块钱都不到, 带走的是整机欧洲原装进口, 包括是 555 升大容量的对开门的冰箱。

疑虑二:beko 是什么品牌?

回答:那今天一开场还是和大家唠叨两句,因为大家说 beko 我们不是特别了解,但是如果您在欧洲有亲戚朋友,或者说是您去欧洲玩的时候,有住在外国人家里面的话,那我给您讲,一定知道 beko。beko 是英国的牌子,但是在欧洲,跟博士呀,大家所了解的西门子啊三星啊、惠而浦啊这些都是作为欧洲畅销的家电品牌,也可以讲在欧洲,很多老外在买家电的时候一定会去考虑 beko 这个品牌。而今天在东方购物我们还能够拿到整机原装进口实属不易,因为我得到的消息是 beko 已经在国内准备合资了,他们的洗衣机已经开始国产了。所以接下来如果像这样的对开门冰箱也进行国产的话,好了,那个时候你想买,都买不到欧洲原装进口的了。

疑虑三:我家里放得下对开门冰箱吗?

回答:对开门冰箱大家其实以往会有一个顾虑是说"哎哟是不是太大了,容量大了之后家里面占地空间会很大,我家里面是不是放得下",那我给大家出个主意啊,第一个,如果大家的厨房够大的话,应该它没有问题。对吧,还有,很多的朋友是把对开门冰箱放在客厅的,包括很多老外都是这样做的,所以我们来关注一下它的尺寸啊,记住两个值就可以,宽度 91 厘米。然后第二个尺寸是深度 72 厘米,这个就相当于什么,相当于它的占地空间了。宽度 91,深度 72。如果你说我是那种上面做了橱柜的,这个高度上面再做橱柜是不太可能的,高度是 182 厘米,182 厘米的高度。所以最关键其实就是那两个数字,记住 91 和 72。家里面量一量有这个空间么?您的开放式厨房,或您的普通式厨房,或者您的客厅,只要能放得下就可以了。

疑虑四:它真的好用吗?

回答:从外观、操作难易度、能耗方面全面解析商品性能。

接下来讲讲外观,首先你会发现,好好看,白色的,百搭,非常大气。您家各种各样的比如橱柜的颜色啊,客厅整体的基调颜色啊,其实跟它都是很百搭的。在这边它有一个超大的液晶显示屏,这边是它冷冻室的温度,这边是冷藏室的。但冷冻室啊,我只要一键,调换之后,最高可以到零下27℃。一般的冰箱做不到,您要知道大多数冰箱零下18℃、零下20℃都已经很牛了,今天我们可以到零下27℃,从这个数字所体现出来的就是它的压缩机特别地棒,对吧,才能达到那样的一个急速的冷冻。包括冷藏室的温度都可以一度一度来调的,1℃到8℃。这下面的全部都是什么,全部都是触摸屏,就像您在玩手机的时候一样,就直接用触摸来调节了,非常高科技。然后呢再来关注一个信息,它是一级能耗。大的冰箱往往比较耗电嘛,可能二级三级都有,但我们今天,既然是整机欧洲原装进口,既然它的压缩机特别好,所以当然是一级能耗。

3. 言之有情

购物专家在节目中要以情动人,以情服人。用情感打动观众,不是装腔作势,也不是声泪俱下,而是在节目中让商品的卖点和观众的心理诉求相碰撞,擦出情感火花。大多数购物专家也意识到要用情感打动人,但拿捏时分寸把握不好,有的人情感带动不够,僵硬呆板,连自己的情绪都没有带动起来,谈什么感动观众?有的人过犹不及,情感泛滥,让人觉得鸡皮疙瘩掉一地。既能调动自己和观众内心的感情运动,又不失情感的"度",很考验购物专家的功力。来看一个案例:

这款按摩椅我觉得特别适合送给妈妈。五月份就要到了,马上就是母亲节,你想想妈妈从小把你抚育长大有多累,你天天在上班也没有办法去给妈妈按摩,最重要的是老人可能还要帮你带孩子,她真的很累,腰很疼。妈妈经常说的一句话就是:这个腰实在疼得不得了啊。但是她绝对不舍得花钱去按摩院的,但是如果有了这台爱心按摩椅,妈妈什么时候不舒服什么时候就可以按。

在推荐按摩椅时,购物专家把按摩椅和子女的孝心有机结合起来。每个人都有母亲,母亲为自己操劳一生,做子女的都会有报答之心。在这里,寻找到了商品和情感的契合点,取得了不错的效果。

婚礼是一生中最重要的仪式之一,婚礼用具往往寄托着吉祥、幸福的寓意,更重要的是,它还传达着老一辈人对子女的关爱之情。在介绍一套婚礼用的紫金对碗时,购物专家这样说:

执子之手,与子偕老,是每个中国人心目中最美好的愿望,婚礼更是人生中最重要的一天,每个人都希望自己的婚礼精致完美,不留遗憾,对每一件婚礼用具的选择也是百里挑一,尽善尽美。婚礼当天那一碗甜汤混合着红枣、莲子、花生、桂圆的甜蜜香气,满溢着长辈对新人的祝福,意味着今后全新的生活就像这碗汤一样,甜甜蜜蜜、幸福美满。而紫金对碗也因此成为上海人婚礼上不可或缺的一部分。每位妈妈都会在孩子结婚时准备一套精致的紫金对碗。这是传统祝福,也是新生活的开始,也是每个上海人心中挥之不去的情结。

言之有情,既可以是情感,也可以是情怀。一件普通的商品,因为被赋予某种特别的寓意和情怀,会让观众产生不一样的共鸣。在介绍旅游产品时,购物专家巧妙地将地域特点和时代情怀相结合,取得了很好的效果:

各位会员朋友,大家好,我现在就在南京的民国风情一条街。其实说到南京,大家都知道,南京是六朝古都,有着非常深厚的文化底蕴。我们这条民国风情一条街,更是高度还原了民国时期的风俗文化。这一条街道完全按照民国时期的样貌来打造,这样的青砖、红瓦、房檐下的灯笼,街上停着的老爷车、挂着民国美女画像的咖啡馆,无一不带有民国情结。我刚刚一走进这条街,立马就闻到了属于民国时期的怀旧、复古的气息,真的是有一种分分钟穿越了的感觉。现在虽然是上午十点,但是人造的天空和整体的灯光设计让我觉得好像已经是夜幕降临、华灯初上。走在霓虹闪烁的街上,感觉在下一个路口,就能看到《金粉世家》里的穿着旗袍的冷清秋了。话不多说,我就带大家一起感受一下民国时期的南京。

4.言之有趣

一段有趣的商品推介会让观众听得兴致盎然,迫不及待想要了解商品的全部信息;而一段无趣的推介会让人昏昏欲睡,忍不住换台。区别在于主持人的话是否有趣。什么样的话有趣呢?可以是风趣,可以是幽默,也可以是有趣味性,把单调乏味的商品信息转变为好玩、有意思的说法,让人印象深刻,并且不曲解其本来的意思。在推荐品牌生发剂时,购物专家提醒脱发的人:"聪明可不要绝顶啊。"既点出了脱发的尴尬,又巧妙地奉承了脱发者,一举两得。在推荐一款水果时,购物专家说:"好甜啊,真是甜过初恋。"还有诸如"好吃得要咬到舌头了"(某品牌奇异果推荐词),"我闻到了夏天的味道"(某品牌空调推荐词),都是比较有代表性的趣味推荐。

为了让自己的话语更加生动有趣,购物专家可谓各显其能。在销售某品牌鸡尾酒时,因为套装中包含蓝莓味、水蜜桃味、青柠味三种口味的果汁,购物专家创造性地把这三种口味和恋爱中的三个阶段相联系,做了有趣的推介。

有人把酒比作爱情的味道,因为爱情就是有点酸涩,酸涩中还夹杂着甜蜜,喝下去让人产生微醺的感觉,这就跟我们喝酒的感觉是如出一辙的。那么,我们今天为大家介绍的这款丘比特套餐,就是希望您在品尝了我们丘比特套餐后可以找回恋爱的味道。

第一阶段:懵懂的初恋

首先为大家介绍的是我手中的这款蓝色的鸡尾酒。这款蓝色的鸡尾酒是蓝莓味道的。我们向大家承诺,我们的所有产品都是纯果汁添加,大家喝的就是健康和放心。我手中的这款蓝莓味儿的鸡尾酒呢,大家可以看到颜色特别漂亮,是 tiffany 蓝,像天空的颜色。蓝色,给人一种朦胧又神秘的感觉,就好像您与恋人初次见面,怦然心动,特别想要了解和靠近对方。这款蓝莓味儿的鸡尾酒呢,味道尝起来呢,有一种涩涩的感觉,特别像初恋的味道,会让人不禁想到自己与爱人第一次相遇的场景,那种有一点羞涩、有一点懵懂的感觉。蓝莓味鸡尾酒就是我们丘比特套餐中最能让您回忆起初恋味道的一款。

第二阶段:甜蜜的热恋

两个人从相遇到相知,渐渐从青涩的害羞阶段到了充满粉红色回忆的热恋期,这时候的气氛就最适合这款粉色的水蜜桃味的鸡尾酒了。这款鸡尾酒是由水蜜桃加白兰地调制而成的,颜色是女人无法拒绝的粉色。粉色是浪漫甜蜜的颜色,它好像少女脸上的红晕,也像我特别喜欢的一款香水的颜色。我们打开盖子就能闻到扑面而来的水蜜桃的香甜水果味,在水蜜桃的甜蜜分子的层层包围下,白兰地终于被浪漫俘获,就好像热恋中的两个人彻底被对方吸引。我们可以想象,在浪漫的灯光下,酒杯里的粉色鸡尾酒散发着阵阵甜蜜的香气,一定可以使我们的会员朋友和爱人重温浪漫的热恋回忆!

第三阶段:携手今生

曾经有人说,如果想永远地留住爱情,那就把它变成亲情。所以爱情最好的归宿,就是和他(她)有一个温馨的家庭。有一句歌词写得特别好:“等到风景都看透,也许你会陪我看细水长流。”电视机前的会员朋友,相信大家都会有相同的感受,经历过懵懂的初恋、甜蜜的热恋,那个和你风风雨雨几十年的人,已经成了最珍惜的家人。我们这款青柠味鸡尾酒特别适合和家人分享,它的度数更低,口感更柔和,大瓶装更实惠。青柠味酸甜适度,和朗姆酒是绝佳搭配。一家人围坐在一起,享受微醺的状态,十分地惬意。

二、电视购物节目策划能力

在购物专家的工作范畴中,策划是必须参与的一个环节。策划能力在电视购物专家身上绝不是一个空洞的口号。随着行业分工越来越细化,电视购物节目也会有策划团队,但购物专家的意见、和厂商的沟通却至关重要。优秀的购物专家总是会有大品牌愿意和其合作,因为他不仅口才好,还有高水平的策划能力,能够以创造性的方式编排节目、抓住卖点,从而获得观众的青睐。

策划有谋划、打算的意思,体现在节目中就是谋略性地编排,保证节目的有效播出。对电视购物节目而言,策划有几个重要元素:一是策划的目标在于销售,以销量为目的;二是策划的基础是商品,所有的手段都要建在商品的基础之上;三是策划的核心在于创意、点子,即如何在节目中呈现商品,是创造性思维的体现。

购物专家的策划能力主要由以下三部分构成:

(一)创造性思维

创造性思维是一项具有开创意义的思维活动,较多体现在艺术领域。要求创作者能够以新奇、独创的角度来诠释作品,给人耳目一新的感受。在广告行业,创造性思维无处不在,时常给人巨大的冲击力。图2-2的公益广告,在动物身上"装"了一条拉链,以此告诉人们美丽的皮草背后有多么残忍,呼吁爱美人士放弃皮草,还动物一条生路。

广告对商品的创造性诠释和电视购物有相通之处。美国著名广告家威廉·伯恩巴克说:"如果我要给任何一个人忠告的话,那就是在他开始工作之先,他要彻底地了解他要广告的商品。你的聪明才智、你的煽动力、你的想象力与创造力都要从对商品的了解中产生。""你一定要把了解关联到消费者的需要上面。并不是说有想象力的作品就是聪明的创作了"。[①]这段话说明了两点:第一,要了解商品;第二,要了解消费者的需求。天马行空的创意不代表毫无根据的胡编乱造,所有的创造性思维都要建立在这两点之上。

---

① 转引自〔美〕丹·海金司访问:《广告写作的艺术:五位广告名家谈》,刘毅志译,中国友谊出版公司1991年,第2-6页。

东方购物曾推出一款近10万元的花瓶——"春到江南"泼彩瓷瓶,售价高昂,令人咋舌,也难坏了购物专家高黎。要在短短的45分钟节目中让观众了解商品、产生强烈的购物愿望,并愿意花10万元下单,几乎是一件不可能完成的任务。瓷瓶售价为何如此昂贵,泼彩工艺是什么,它到底神奇在哪里,这一连串的疑问是观众购买的障碍。如果仅仅在演播室空谈恐怕观众并不买账,于是高黎和摄制组到景德镇专访了瓷瓶的创作者、著名工艺美术大师赖全德,请大师在镜头前再现了泼彩工艺的全过程,将

图 2-2　"拒绝皮草"的公益广告

(图片来源:http://image.so.com)

观众的疑问一一予以解答。摄像机一帧不差地捕捉了赖全德大师在一只素坯上展示的泼彩技艺,直观而生动,令人叫绝!接着高黎趁热打铁问到:"'台上八分钟,台下十年功。'对于一位大师来说,泼彩最不容易掌握的地方在哪里呢?"赖全德大师微微一笑,指了指面前的颜料,说:"你看,这些颜料的色彩都是暗淡的,可是经过火的淬炼却可以呈现出五颜六色,这个施釉的经验需要几十年的功夫才能修炼成。还有,这些颜料中很多色彩需要添加特殊的物质才能呈现出特别的颜色,甚至要加金粉,才会出彩。'"通过这段设计,观众了解到10万元的定价背后是工艺大师几十年的经验与技艺。在这档节目中,25款备货一售而空,如果不是在景德镇的这段"神来之笔",很难取得这样的效果。

（二）生活经验的积累

电视购物的受众年龄集中在 40—60 岁之间，他们有丰富的生活经验，消费也比较理性、精明。购物专家如果没有广泛的生活积累做后盾，很难说服他们掏腰包。购物专家在生活中要跑菜场、逛超市，了解市场行情，看阿姨妈妈们在市场里如何讨价还价，才能做到心中有数。

下面这个案例中购物专家的表现就可圈可点。这档节目推荐的商品是整体橱柜，价格 9 999 元。乍看之下并不便宜，购物专家详细分析了市场行情，告诉观众今天的价格已经是全部挤干了水分之后，比市场价优惠很多的价格。

潘登：大家好，感谢锁定今天的直播，我是潘登。今天为大家带来的是打造整体厨房的不二选择，来自欧琳的整体橱柜。想象一下，不管您是新装修的顾客，还是老翻新的顾客，对厨房的要求都非常高，而且动辄几万块钱让大家觉得难以承受。今天只要不到万元就可以拥有欧琳整体橱柜，各位抓紧时间。今天和我分享的是大刚，来和大家打个招呼。

大刚：大家好，欧琳厨房每次来都售罄，需要预约，所以今天第一时间先预约起来，今天的方案一定符合您的要求。

潘登：今天我们是以一个 2 000 元定金的方式，那定金是可以退的。如果给大家是眼前这幅图板上展示出来的画面的时候，您一定觉得我家里的厨房就应该装成这个样子。那如果装成这个样子，那就必须包含很多部分，有上柜、下柜，颜色多种选择，甚至连水槽龙头都给大家配齐。很多人说这是我梦寐以求的，那可以告诉大家，市面上你如果自己去配要花多少钱呢？

那大家知道，在市面上一般是分上柜、下柜和台面，1.2 米的上柜市场价格 2 760 元，3 米石英石台面 4 140 元，3 米的地柜 9 300 元，这三个基本部分加在一起是 16 200 元。建材的市场价格一直都在涨，这个市面价在 7 月份已经调过了，之前是 14 200 元。

大刚：但是这三个部分只是基本框架，还远远不够。我来告诉您必须要配哪些。比如收纳盒必须要的吧，2 180 元。水槽加龙头必须要配的呀，不然怎么洗菜洗碗呢？1 840 元。碗盘拉篮 1 300 元，五金配件 1 200 元，blum 木抽 1 000 元，调味拉篮 600 元，米箱 600 元，不锈钢定制罐加盆筛 280 元，市场总价是 9 000 元。

潘登：如果您的龙骨、框架、配件，全部配齐了是 25 200 元。但今天我们给大家打了 4 折的优惠力度，9 999 元，不到万元。另外如果各位想要折旧的话只要 1 000 元就可以。同时给大家的优惠是加 1 000 元可以得到美的侧吸油烟机组合，这套组合在市场的售价是 2 980 元（再次展示图板）。那今天这一整套的组合只要 10 999 元，您心动不心动？我和大刚都已经心动了。

从节目中可以看到，购物专家对市场的价格一清二楚，我们通过表 2 - 1，将购物专家所说的价格再梳理一遍：

表 2 - 1 欧琳整体橱柜价格表

项目	市场同类成交价
收纳盒	2 180 元
水槽 + 龙头	1 840 元
碗盘拉篮	1 300 元
五金配件	1 200 元
Blum 木抽	1 000 元
调味拉篮	600 元
米箱	600 元
不锈钢封罐 + 盆筛	280 元
上柜	2 760 元
下柜	9 300 元
台面	4 140 元
市场价总计	25 200 元
栏目价	9 999 元

　　要想观众明白，自己心里先要有个全面的认识，对市场行情的了解，往往是第一步。观众并不是一味追求低价，而是追求更高的性价比。让观众打心眼里觉得实惠、划算，这要求购物专家事先要积累丰富的消费知识。

图 2-3　购物专家演示单手操作卷发棒

图 2-4　购物专家正在炖鱼汤

　　生活经验的积累体现在方方面面。电视购物的商品覆盖面广，购物专家不仅要了解商品，更要会使用商品。在图 2-3 中，购物专家正在演示如何单手操作卷发棒，打造漂亮的发型。

　　销售锅具的时候，煎、炒、焖、炖都是购物专家必须掌握的技能，每一样都要做得有模有样。图 2-4 中，购物专家正在炖一锅鱼汤。

　　生活经验的积累体现在生活的每一个角落，这就要求购物专家成为一个爱生活、懂生活的人，学会观察生活的细节，并且积极投身到实践中。

(三) 专业素养

　　在购物频道中，每位购物专家会有其大致固定的销售商品类型，有些主攻化妆品方向，有些擅长收藏品，有些擅长生活用品。这些购物专家都是各自领域的专家，很多人还持有各自领域的职业资格证，比如，销售食品的会有营养师证，销售珠宝的有珠宝鉴定师证等。

　　以下案例中，购物专家从蚕丝被的颜色、光泽度、细腻度三个方面教观众如何辨别优等品蚕丝，很能显示其这方面的专业性。

化纤与一等品蚕丝比较

那么在现场告诉大家,盖蚕丝被跟您盖普通被有什么样的区别。比如说这种化纤,大家可以看到被火机烧的时候它会完全不阻燃,大家可以看到它会产生这种黑色的硬疙瘩,这就是我们平时跟大家讲到的塑化剂。塑化剂是什么?塑料碎屑塑料品,并且在人体的36度体温下会释放毒素。所以后来我们才有了蚕丝被。我们之前不管有哪个品牌来(做销售),到一等品蚕丝已经相当了不起了,相当了不得了。但今天我们的茧源不一样,我今天要比一等蚕丝还要更好。

一等品蚕丝与优等品蚕丝比较

颜色:会员朋友首先第一个,当我们打开它的时候你会发现整床蚕丝被的光泽度非常高。它能够高到多少呢?来我们比较一下,像刚刚大家所看到的白润度完全不一样。请您看好啊,后边的白是什么都是透亮的。而今天我们刚刚看到的一等品呢它是稍微有一些发污的。所以这就是蚕丝的不同!

光泽度:对于大多数的蚕丝来说我们明白,它的光泽度是只有7度的。我现在把它缠在手上,请大家看好今天我们整个蚕丝的光泽度它能达到多少?12度!现在大家所看到的这个是一等品。会员朋友你之前买到的蚕丝会有这种光泽感吗?没有!都说含有蛋白质和18种的氨基酸,但是大部分的蚕茧不具备这么多的营养成分。

细腻度:最后就是看它的细腻度,每一根蚕丝在今天它都要比你的头发丝还要细。这就是今天来自我们的优等品。一等品呢大家来看啊,一等品的蚕丝它达不到如此的细致,所以说这就是目前我们国家区分于一等品和优等品的三个区别。

三、电视购物节目把控能力

购物专家是直播间的总调度,一方面安排节目的流程,即商品卖点呈现的先后顺序;另一方面根据 PD 的指示、后台数据的变化及时调整节奏和话术。如果用"眼观六路,耳听八方"来形容购物专家,一点都不为过。

(一)节目流程把控

电视购物节目一般 30—40 分钟一档,每档节目分为三个相对独立的单元(part)。之所以是三个相对独立的单元,是为了保证观众在节目进行的任何阶段打开电视,都可以看到相对完整的商品介绍。每个独立单元包含商品组合介绍、功能介绍、对比展示等部分,每部分的时长根据节目的需要合理安排,一般在 10—15 分钟。购物专家需要在没有接到 PD 突发指令的情况下,按照节目既定的流程有条不紊地进行直播,每个部分的比重要做到心中有数。

1.节目的开头

电视购物的开头一般都开门见山,向观众问好后就开始介绍本档节目所售的商品,并且会抛出商品最吸引人的关键信息或卖点。在美的电烤炉的销售中,购物专家引出商品后,提到了两点信息:国内唯一一款开放式电烤炉;售价 499 元。这两点是商品最具竞争力的。

中午好,这里是美的电烤炉的直播现场,欢迎您的收看。今天中午我们要向您推荐的是一款开放式的美的电烤炉,也是目前国内市场唯一一款开放式的电烤炉,由东方购物在今天首发,售价只有 499 元。

在介绍按摩椅的时候,购物专家侧重的是其带来的舒适体验和惬意的生活方式。

提醒电视机前所有的会员朋友,如果您在家有一台按摩椅,您最疲惫的时候坐在上面,窗外阳光照着,就像今天一样,桌上再有一杯红酒,您不觉得人生真的是太完美了吗?对不对,就像我今天在演播室从来没有这么舒服过。所以做按摩椅的节目是特别开心享受的一件事情。

2. 节目的主体

节目主体部分不尽相同,会根据商品的卖点不同而有所区分。一般会包含以下几个部分。

品牌介绍

任何一个大品牌都会有它的历史,节目的一开始,我就给大家讲讲英纳格的历史。英纳格到现在有160年了,是瑞士的第一代名表当中的一个,其他还有大家熟悉的比如江诗丹顿、百达翡丽等。后面才有了第二代的名表,比如劳力士、伯爵等。所以和它们比较起来,英纳格的历史会更悠久。我们的父辈那一代人,他们结婚的时候如果有一块英纳格,那是一件非常了不起的事情。这块手表很值得大家去珍藏。

功能介绍(结合现场商品展示)

今天我们是这种开放式的电烤炉,你甚至可以一边烧烤一边享受。整只的鸭啊、大块的牛排啊,我们可以一次性地放在这个烤炉下面,尽情地来烧烤。它里面的核心部件是一个碳素的纤维管,利用这个碳素纤维管来发射红外线,然后穿透食物里外同时加热,所以我的食物特别通透。我们来看一下今天的烤鸡排已经烤成什么样子了,轻轻一拉就拉开了,你会发现上面的油它几乎已经是冒出来了,它有一个脱脂减油的功效,这样我们吃起来既美味又健康,皮已经脆脆的了,这就是外焦里嫩。一般的电烤炉是依靠电热管发热,空气先加热了然后再加热食物,所以外面熟的时候里面还是半生的,但是今天的这个电烤炉呢,它采用的是碳素纤维管发射红外线加热,直接穿透食物内部,所以这个碳烤炉设计得很科学合理。而且啊,大家知道为什么要多吃一些烧烤类的食物?不但是口感好、味道好,更重要的是它在烧烤的过程中把油脂都烤出来了。你看这个烤的香肠,它的外皮是爆开的,而且你可以把它切成一片一片或者一段一段的,那样就速度更快了。

价格介绍

我们大家可以看一下今天的报价,特别精巧的开放式的电烤炉,价格只要 499 元。那么赠品呢,是专业的不锈钢烤夹一个,还有这个烤针有十支,调味罐有两个,那么我们赠品的价格是 168 元,那么这个赠品我们不单单是考虑都您省钱,更重要的是这么专业的烤具您自己很难买到。就连这个烤夹啊你看都设计得非常人性化,而且它是长长的,不锈钢材质的,烧烤的时候拿在手里非常得心应手。包括这种不锈钢的调味罐,它的品质也是特别好。我们想吃一点这个胡椒粉、辣椒粉或者是孜然粉的话都可以直接放在上面,很实用的。

3.节目的结尾

在节目的结尾处,购物专家会踢临门一脚,再次强调商品的供不应求,催促观众赶紧下订单。

现在有两位朋友已经成功订购了,大家真的要抓紧时间,因为下一次真的不知道什么时候了。所以抓紧时间抢线,我们除了每一个保证质量之外,还有着鉴定证书给您,所以建议您快速抓紧时间来抢线了,800-xxx-xxx。

(二)现场节奏把控

电视购物是直播节目,直播节目中会有很多不确定的因素。即便是事先安排好的流程,也有可能随时会被打乱,这就要求购物专家有高度的把控力,能够在短时间内重新安排,组织语言。

在节目直播的过程中,PD 会提示购物专家何时开始下一流程,通过后台数据对节目直播进行调控。通过大量的数据比对发现,在直播中播放小片的收视率和订购率明显低于直播间演播的部分。因此,如果后台数据显示热线率下降,一般会采取回演播室现场进行讲解或者做商品对比试验。PD 的指示受制于数据,一旦数据有波动,PD 就会要求购物专家做出相应的调整。在环球购物一档直播节目中,购物专家和厂商代表正在进行商品小片的讲解,突然接到导播的指示:后台热线数量低,立即回到现场进行对比试验。购物专家迅速做出反应,立即结束小片的讲解,重新组织语言,回到直播间部分。有时情况正好相反,比如在另外一档直播中,购物专家正在进行商品的展示。该档商品是一套锅具,切菜的时候因为用力过猛,居然把不锈钢刀劈断了,购物专家的手也受了伤。此时 PD 果断切换成小片;现场一片狼藉,工作人员迅速上场更换道具,替购物专家简单处理伤口。购物专家虽然受到惊吓,但直播仍在继续,需要在短时间内冷静下来,重新回到节目中。几分钟后,小片播放完毕,购物专家状态已经恢复,开始继续主持节目。

四、现场互动能力

在节目中,一般是购物专家与厂商代表配合来完成节目。随着节目形式的多样化发展,也会出现行业专家、达人、观众和购物专家共同主持的形式。

与厂商代表的合作是最常见的合作方式。一般情况下,购物专家负责整体串联、推介商品,厂商代表则主要负责配合购物专家推介与展示商品。二人互有分工,根据不同情况,双方负责内容的比重会有所不同。下面这段案例就是比较常见的合作形式,主持人起引导作用,双方共同完成商品信息点的推荐与展示。分工较为均衡。

购物专家:好东西! 那我们来看看吧。说到这个野鸡啊,真正的野鸭它跟普通的家养的饲料鸡、饲料鸭有什么区别呢?

厂商代表:首先这个野鸡它这个头部啊和那些一般的鸡是不一样的,它比较大,而且眼睛那一块呢是突出的。这是一个。还有一个呢,就是它的胸骨啊很结实、很圆。它这个肉很厚实。这里有一个啊,我们把它切开的。

购物专家:对,一个侧剖面。这是一个我们野鸡的胸部侧剖面,你看满满当当的,很厚实。我们再看这边普通的鸡。我们对两种鸡都做了侧切。这是我们的野鸡你看胸部肉,这是家养的你看。

厂商代表:因为这个野鸡是要飞的。而且吃起来的口感也有所区别,普通的家养的鸡肉吃起来会有点干,因为它运动比较少,而我们这个野鸡它是满天飞的,所以我们这个野鸡肉它不但厚实而且口感很好。

购物专家:没错没错,它一是常常运动它这个肉紧实,二呢是它这个肉质非常好也很厚实。而且我们这个野鸭也是这时候正适合去吃的。

与不同类型嘉宾的合作。在节目中邀请行业内的专家或达人是很受观众欢迎的方式,这种方式看起来更客观,销售效果也很好。观众认为专家或者达人的话不代表厂商的利益,因此他们的观点更权威、更专业。在销售珠宝的节目中就经常会邀请珠宝行业协会的负责人现场对商品进行监督、评价。下面的案例中就邀请了一位美食达人配合销售 WOLL 锅具,美食达人一开场就表明自己代表的是观众,是替观众来验货的。因为不代表厂商,观众潜意识里确实会拿她当自己人,也会信赖她的说法。

购物专家:观众朋友们大家晚上好,我是小寒。今天我们的节目很特别,为什么?是 WOLL 入驻东方购物已经一周年了,而它突破了 3 000 万的销售量。作为一个重大节日,我们拿出了 WOLL 的一个王牌产品——它的销售冠军。今天我们也请来了家喻户晓大家特别喜欢的美食达人——杨吕来到我们的节目中,欢迎您。

美食达人:大家好,我是杨吕。第一次来到节目中,我是非常紧张,但是我今天呢就是代表阿姨妈妈来这边验验货的,因为其实我觉得 WOLL 这个品牌还是比较熟知的,因为经常在一些大商场里面的专柜啊经常会看到嘛,而且最重要的一点,现在我很多主持人朋友他们都在用 WOLL 这个品牌,所以我在想,到底是你们送的呢,还是他们自己花钱买的?

购物专家:我告诉你个秘密,我们 WOLL 从来不会轻易送给别人的。为什么?因为它是高端地位的象征,但是很多人会去哪里买呢,我跟您稍微介绍一下,现在很多明星,很多你很熟悉的一些名人他们都会在北京,在顺安商场,包括在翠微,在上海的八佰伴、东方商厦包括久光去自己购买。为什么?这是一个口碑相传的效应,包括很多人会问我说它到底有多好,包括杨吕她今天也会问我说这口锅到底有多神奇。首先,我得跟您讲一下,东方购物今天给到您是 WOLL 的品牌已经毋庸置疑了,第二点拿出来他们最为王牌的销售冠军以及亚军作为我们一周年3 000万的庆典,但是这场直播可能只有一到两次的机会,所以我们今天特别把您请到我们节目的现场。

美食达人:一到两次机会啊,大家抓紧。

购物专家:是,除了冠军和亚军之外呢,还有来自于法国弓箭的这个锅也是送给您的,包括我们的硅胶铲这套组合,您去市面上买真的是接近万元,但是在我们东方购物今天只需要1 998元就能给到您。

美食达人:太给力了!

除了以上两种形式外,还会有和观众沟通的方式。在美国QVC,购物专家可以即时接听观众的热线电话,接受观众的询问。"你孙女的名字叫什么呢?""布列塔尼"。主持人又接着话茬说:"我有个侄女也叫布列塔尼!她几岁了?"观众:"五岁,她生日是五月的,她喜欢时髦的玩具"。[①]这种亲切的类似家庭成员之间的沟通,拉近了观众和购物专家之间的距离。他们还会邀请会员朋友来节目中分享自己的购物经验。这种形式在我们的节目中也逐步出现。

与搭档密切配合,是一件看起来容易做起来难的事。购物专家既要把握整体节奏,又要配合身旁的搭档。购物专家和嘉宾的互动包含以下三个方面:

第一,内容的互动。在节目开始前,购物专家和嘉宾就要安排好节目的内容、流程,确定商品的卖点。双方会事先理好逻辑顺序,哪些信息点先说,哪些后说。在节目中,双方只有对大致流程和内容胸有成竹,才能配合默契。如果出现突发状况(忘词、跳过某一环节等),对方也会尽力帮衬,保证节目完整、顺畅播出。

第二,情绪的互动。购物专家和嘉宾都要以恰切的情绪来带动对方。演员在表演的时候,演对手戏的那个人如果频频跳戏,会导致演员自己也没有办法投入到剧情中。而一些有经验的老演员不仅自己可以很快进入状

---

① 沈荟、黄清清:《建构媒体与受众之间的信任关系——美国电视购物频道QVC的人际传播策略》,《中国广播电视学刊》2009年第9期。

态,还能用积极的情绪带动其他演员尽快入戏。在直播时,优秀的购物专家也可以用积极的情绪来带动嘉宾,这种带有表演色彩的互动,并非不真实,而是出于购物专家这一角色本身就略带表演属性。在节目中,我们经常会看到购物专家品尝了一块水果后,会表现出很满足的神情,此时嘉宾应及时予以情绪上的配合,感情上的起伏要具有一致性。

第三,语言的互动。双方就事先安排的流程,用对话逐步展开对商品的介绍。双方是否能够就一个话题层层深入,互相抛话和接话,是一门很深的学问。嘉宾来自各行各业,每个人的情况都不尽相同,有的人擅长表达但有时候会跑题,这就需要购物专家能够当机立断拉他回头;有的人专业知识很在行却不善表达,就需要购物专家善于引导,适当抛话。

第二节　购物专家必备的综合素养

购物专家利用媒体平台从事商品销售工作,营销技巧是其必备的综合素养。在销售的整个环节中,产品、消费主体的行为习惯、消费主体的心理诉求以及和消费主体的关系都必不可少,而这又分别涉及消费者行为学、消费者心理学、人际传播学、营销学等学科门类。

一、谁是你的消费者

国内的电视购物观众基本集中在 40 岁及以上的中高收入阶层,其中女性的比例稍多于男性。对这个群体的行为特点作较为深入的分析,有助于了解其消费的喜好与习惯。

（一）电视购物节目的观众多为中产阶层

社会阶层被用来定义人所属的社会地位,其由经济、职业、受教育程度等决定。同一阶层的人具有相似的价值观和行为方式,生活品位较为接近。

购物节目的受众大致来自以下几个社会阶层：

中等收入阶层：他们中的大部分人有固定职业和稳定收入，一般由政府公务员、国企员工、教师、医生和个体经营者构成。这一阶层的人有一定的积蓄，是购买力很强的群体之一。这一阶层的消费品位并非完全相同，具有多样化趋势。其中部分人对新生事物的接受度较高，对潮流产品较易接受；部分人受教育程度高，对生活品质要求较高，追求格调。

中高收入阶层：主要包括政府和企业的管理者。这部分人收入较高，高于中等收入阶层，但稍逊于高等收入阶层。这部分人是珠宝首饰、高档化妆品、奢侈品的有力购买者。

高收入阶层：精英阶层。这部分人经济富裕，生活上追求品位，喜欢个性化消费，例如价格昂贵的字画、玉器，彰显生活品位的旅游产品等。

购物节目的消费者大多集中在以上三个收入阶层，但也有少数中低收入阶层和最高收入阶层的消费者加入，高等收入者较关注奢侈品和珠宝等商品，低收入者会关注性价比较高的生活用品，中等收入者选择范围最大，各类产品都会关注。对于购物专家来说，应意识到不同的阶层有属于自身的价值观、相似的沟通方式和相似的生活方式，从而选择相应的销售方式。

1. 电视购物节目观众的消费观

世界观是区分阶层的重要方式之一。工薪阶层较关注离自己较近的范围，爱听社区新闻，茶余饭后更爱谈论明星的八卦趣事。工薪阶层更多地把情感支撑放在家庭上，把维系家庭形象和财产当作重中之重，善于精打细算。

中产和较高收入阶层更关注较长远的发展。相较于工薪阶层，除了对家庭的关注外，他们也较关注自身价值的实现。这些阶层的人爱用名牌和奢侈品来包装自己，但并不意味着他们在所有方面都大手大脚，很多人背着名牌包包，却为了洗发水的差价而跑好几个超市。对待奢侈品和生活必需品方面,他们有着截然不同的态度,这是购物专家应该关注的。

同样,不论哪个阶层的人,潜意识里都愿意在行为上往上一阶层靠拢。在中国,普通工薪阶层和中产阶层使用奢侈品来伪装"贵族"已经屡见不鲜;而受教育程度低的有钱人愿意在装修时特意选择看起来很有文化气息的装饰品。这种心理也是购物专家需要把握的。

2. 电视购物节目观众的消费模式

消费模式是决定消费者购买活动的一个重要因素。消费模式涵盖的范围很广,它决定一个人选择何种产品和服务,如何分配自己的收入,如何构建自己的工作时间和闲暇时光,比如这个人更愿意把自己的收入花在美容、娱乐、美食方面,还是教育、运动、旅游方面。

消费模式又受制于生活方式,人们会根据自己选择的生活方式来支配收入、安排休闲时间,来选择不同的商品。"因为生活方式营销的目的是使消费者能够以他们选择的方式享受人生并表达自己的社会身份,这种策略的一个关键就是关注消费者在其所期望的社会情境下使用产品的方式。"①

例如:

锅 + 围坐的一家人 = 幸福团圆的生活

化妆品 + 男朋友的爱慕眼神 = 浪漫甜蜜的生活

购物专家如何将单个的商品与相应的情境配套,从而将商品变成"香饽饽",是值得深入研究的。

3. 电视购物节目观众喜爱的交流方式

电视购物节目观众喜爱使用的交流、沟通的方式也有其自身的特点。购物专家可以用消费者容易理解和喜爱的方式来传播产品信息。例如,针

---

① 〔美〕迈克尔·R.所罗门(Michael R. Solomon)、卢泰宏、杨晓燕:《消费者行为学》(第10版),杨晓燕等译,中国人民大学出版社2014年版,第313页。

对普通工薪阶层和中产阶层的生活用品,在介绍时应该用简单明了的语言;而针对中高和高收入阶层的产品,如名家的书画作品时,着重强调其代表了消费者独到的眼光和未来无限的升值空间。

这两种表达方式用了不同类型的代码,有限代码倾向于表述客体的内容,精细代码倾向于表述主客体间的关系。

在营销语言方面,有限代码较少使用形容词,一般使用具体的描述性词语,倾向于描述产品内在的品质(是否纯天然、是否真材实料等),用简单的语言描述产品和生活方式的内在联系;而精细代码则使用丰富的形容词、大量抽象的概念性的词语来表述具体事物,强调与市场同类产品相比具有的优势,强调后期获得的利益,用复杂的形容词来说明和生活方式的关系。

（二）电视购物节目的观众为中老年人

我国购物节目的目标消费群集中在 40 岁及以上的中老年人。这一现象源于以下几点:电视媒体的主要受众群趋于老龄化,电视某种程度上成了中老年人的专属品;随着生活水平和医疗卫生水平的提高,人的寿命大大延长,生活质量也得以提高;中老年群体有一定的经济基础。

以往一提到老年人,脑海里就会闪现出这样一幅图景:冬天阳光很好,老奶奶坐在屋外的藤椅上,戴着老花镜,一针一线地缝补她那件已经穿了 30 多年的毛线背心。这些都是对老年人的固有成见。过去的人,尤其女性,过了 30 岁就开始从打扮到言谈举止接近传统意义上的老年人。但现在社会的中老年人已经不再是过去意义上的中老年人,全国各地兴起的"广场舞"现象便是极好的证明。在任意城市的街心公园里,一定会有这样一群中老年人,他们精神矍铄、打扮入时,脸上洋溢着自信的笑容,随着音乐的节奏翩翩起舞。这群人正是中国新一代中老年人的代表。

随着社会的进步与发展,新一代中老年人的价值观和生活方式已经完全不同于老一辈人,他们不再一味节俭,不再以降低生活质量为代价换取金钱的积累。他们很会适度消费,在意生活品质,在意身心的愉悦。他们不愿意穿千篇一律的老式服装,而是打扮得光鲜入时。同时他们也愿意以自己的方式继续参与社会生活,参加各种娱乐活动、旅游或者到老年大学进修,不愿意和社会脱节。中老年人会格外关注健康,对于一些运用高新科技研制的保健品或医疗保健器材,他们往往抱有极大的兴趣。

中老年人在消费时的心理倾向是购物专家需要了解的:

首先,中老年人相对年轻人而言,消费相对理性,较少出现冲动消费。中老年人在购物时,一般会详细了解商品的质量、价格、优缺点、后期服务等。针对中老年人的消费特点,购物专家在介绍商品时应该尽可能详细地满足他们的需求,为其精打细算。

其次,中老年人品牌忠诚度较高,一旦有了其认定的品牌后,很难劝说他们改变态度。购物专家不要一味地兜售商品,而是要了解其真正的诉求,合情合理地打动这些"固执的"消费者。

(三) 电视购物节目的观众以女性为主

1. 女性的消费行为特点

女性是电视购物最主要的消费群体。在欧美和亚洲的日本、韩国,都有着数量庞大的主妇群体。这些家庭主妇在送完丈夫上班、孩子上学后,一般都愿意打开电视,一边"听"电视,一边洗洗涮涮;或者在一家人都入睡,主妇们终于结束一天的劳作后,她们很愿意收看电视购物节目来放松自己。电视购物让家庭主妇足不出户就能买到实惠的商品,因此很受主妇们的追捧。在中国,虽然职业女性的比例较高,但依然存在着相当数量的女性电视购物追捧者。

女性消费者数量众多,她们除了消费者这一角色外,还可能是母亲、妻子、女儿、妹妹、姐姐等多重角色,她们是家庭用品、保健用品、儿童用品的主要购买者或决策购买者。

女性把消费过程当作一种消遣娱乐。和男性购物时目标明确不同,女性购物时往往漫无目的,显得随心所欲,例如本来只是想买一双鞋,结果却买了好几条裙子。对于女性来说，购物本身就是一种放松和休闲，哪怕什么都没有买到，能够在商场里挑挑拣拣，也算是对身心的一次解放。对于主妇来说，闷在家里无人交谈，看电视是她们唯一与外界交流的方式，所以电视购物节目的"趣味性"显得非常重要。也许电视购物所购商品的真假并不重要，能够让主妇们开怀一笑，就起到了一定的传播效果。现在的购物节目为了吸引人们的眼球，会请来一些名人和模特为产品做宣传，或者故意制造播出事故，把价格标得比厂商代表说的低一半（实际是双方商量好的价格），都是类似的尝试。

女性注重商品的外观，选择时较为感性。女性对时尚很敏感，也愿意成为时尚的追随者。购物专家在介绍商品时，应注意突出商品的外观和时尚元素。同时女性也有较重的从众心理，希望追随潮流和名人的步伐，这点也是需要引起购物专家重视的。

2. 男性的消费行为特点

电视购物也有部分男性消费者，这部分人数量虽少，消费能力却很强，选购的商品多集中在需要一定文化内涵的收藏品类和展示自我社会地位的高端消费品类。

男性在消费时目的性较强，且较少受到他人的影响，表现出一定的独立性。男性的自尊心和好胜心较重，所以男性在选购高价产品时往往出手大方，下单果断。购物专家要注意迎合这种心理。

二、成为观众的朋友

电视购物节目作为一种节目类型，兼具大众传播和人际传播的特性，其中人际传播的特性更为突出。就传播效果而言，同样推荐一款商品，大众传播不如人际传播的效果。也就是说，电视主持人的推荐比不上隔壁邻居来得更有说服力。在电视购物节目中，购物专家努力要做的，并不是成为一个高高在上的主持人；相反，要成为消费者的朋友、邻居，甚至家人。

（一）"家庭式"的传播氛围

美国 QVC（即 Quality 质量、Value 价值、Convenience 便利）是全世界最大的电视购物公司，走入了美国千万个家庭，并且覆盖了欧洲和亚洲的部分市场。"每天 24 小时滚动播出，约 96％ 的美国家庭可收看到该频道的节目，其观众数量甚至超过了 A&E 电视台、探索频道及音乐频道 MTV 等，全球电视用户数已高达 1.66 亿以上。近几年，年净销售额均超过 70 亿美元。"[1] QVC 成功的重要原因之一就是和观众建立起了良性的互动关系，遵循以客户为中心的原则，最大限度地维护消费者的利益。

观看 QVC 的节目很容易忘记自己是在观看一档电视购物节目，而是感觉误入了他人的家庭，听家庭成员分享购物经验。QVC 在布置演播室时，尽可能打造出普通家庭的感觉。节目中一般不加嘈杂的背景乐，购物专家和厂商代表语气平和，就像在平常生活中那样。

QVC 一档销售洗涤剂的节目，购物专家和厂商代表配合默契，好像一对中年夫妻，在布置成厨房的演播室里忙忙碌碌。厂商代表就像丈夫一样，把家里的碗、盆拿出来擦，一会儿又去清洁用了很多年的桌椅橱柜，再把椅子上蹭掉的油漆补上。购物专家很好地扮演了妻子的角色，不时给"丈夫"帮帮忙，讨论一下洗涤剂的优点；当"丈夫"说话时，用温柔的眼神专注地看着他。

图 2-5　QVC 电视购物节目

① *QVC at a Glance*，http://www.qvc.com/qic/qvcapp.aspx/app.html.

（二）"后院篱笆"式的传播原则

"后院篱笆"原则最早是丹·拉瑟提出的关于电视新闻价值的主张。在20世纪80年代，电视新闻关注最多的三件事是：英阿马岛之战、中东战争和戴安娜王妃产子。电视新闻应该关注哪件事呢？拉瑟认为应该报道新王子的新闻，原因就是"后院篱笆"原则。当两位家庭主妇结束了一天的工作后，倚靠在自己的篱笆上聊天，她们谈论的一定是新王子的事。

电视购物节目同样应该遵循这一原则，其本质就是主妇倚靠在篱笆上收看的节目，因此要遵循主妇在这种收视情境下的感受，极力营造出一种在小城镇里流行的人际销售方式。小城镇里的销售方式让人充满安全感：小贩们挑来从地里新采摘的不打农药的水果和蔬菜，他们会告诉你最近买什么合适。如果你一定要挑某个不当季的水果，他们会让你过两周再来，到时候会更新鲜。小贩们记得每位常来的客户，会在他们的菜篮子里多塞一把葱，你甚至还可以赊账。"它能够有效避免那种强迫性的销售方式，让观众觉得面对的仅仅是一个邻居，他对某个产品非常了解，能够很好地阐释它们的优点，并乐意同你分享交流过程中的娱乐性。"[1]

东方购物频道的《美食大掌门》就在这方面进行了有益尝试。和传统电视购物节目不同的是，《美食大掌门》没有10分钟一段的三段式的节目编排，而是一共一个小时，在这一个小时里推荐三款不同的商品，机械重复较少。更重要的是，不同于以往购物专家和厂商代表的搭配，《美食大掌门》没有厂商代表，而是由三位购物专家合作完成。女性购物专家模拟家庭主妇，在客厅里办小型聚会，邀请两位男性好友共同品尝食物。在这期间，没有人会代表厂家来推荐，而是纯粹地从消费者的角度共同品评食物。席间，他们谈笑风生、幽默逗趣、边吃边聊，和真正的朋友聚会并无二样。消费者在这样一个极富感染力的情境下，不知不觉就接受了节目中所提及的产品。

---

[1] 沈荟、黄清清：《建构媒体与受众之间的信任关系——美国电视购物频道 QVC 的人际传播策略》，《中国广播电视学刊》2009 年第 9 期。

图 2-6　东方购物《美食大掌门》

三、了解消费者的诉求

电视购物作为一种实际的消费形式，购物专家以销售方的角色存在，电视观众以消费者的角色存在。购物专家需要深入了解电视观众的心理，从而做出有效的引导。

(一)什么是心理诉求?

心理学家亚伯拉罕·马斯洛(Abraham Maslow)提出了需求层次理论，如图 2-7 所示。消费者的心理对消费者的购买行为具有决定性影响。购物专家如果从消费者心理入手，了解消费者决策购物的整个过程，对调动消费者的购买欲望有重要意义。

马斯洛将人的需求分为五个层面，依次为：生理的需求、安全的需求、情感和归属的需求、尊重的需求和自我实现的需求。马斯洛认为这些需求的发展顺序是固定的，只能由较低层次向较高层次流动，即人只有在满足了较低层次的需求之后，才能继续追求较高层次的需求。

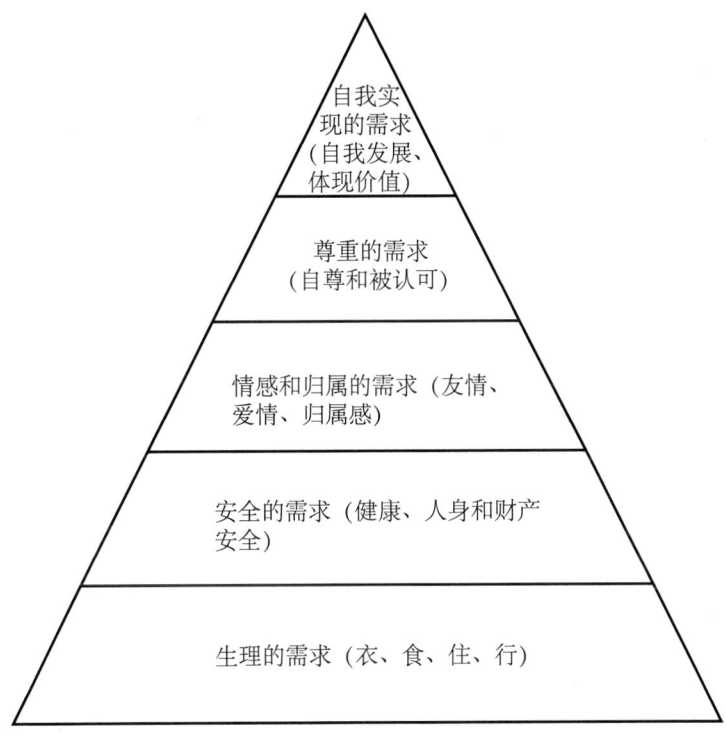

图 2-7　马斯洛需求层次理论图

（二）需求层次理论对购物专家的启示

根据马斯洛的需求层次理论，可以把消费者的需求归纳概括为三个层面：

1. 生理和安全的需求

这个层面主要指人类生存的最基本的需求，包括吃饭、睡眠、住房，人身安全可以有保障，身体健康，吃安全的食物，呼吸干净的空气，家庭成员生活稳定。这些因素是人生存的根本需求，也是促使人行动的原始动力。例如销售果汁时，购物专家在节目中会不断强调其无添加、纯天然，就是出于这一层次的考虑。

2. 情感和归属的需求

人是有血有肉的生物，有情感的需要。处在热恋中的人，在赋予对方爱的同时，也迫切希望从对方那里获得回应；过春节时，一家人围坐在桌前，晚辈给长辈敬酒，老人给孩子们包压岁钱，人们从和睦的家庭关系中获得情感慰藉；在电影《美丽心灵》中，年老的教授把学生自发赠送的钢笔当作对职业生涯的认可，学生用这种方式表达对老师的爱戴。人活在社会中，渴望获得情感，有爱与被爱的需要，希望获得一种归属感，成为某个群体中的一员。

一般的油漆广告都是表现一家人手拿滚筒在墙壁上涂涂画画，而威士伯（valspar）涂料公司的电视广告却是这样的："一开始就是一对夫妻在白色的沙滩上走向一堵像露天电影屏幕一样的白墙，画外音说：'对于有些人来说，一堵墙就是一堵墙，把这里和那里隔开。'夫妻俩与这面墙协商后，展开一系列美丽的风景，而这面墙则变换着背景颜色，从瀑布边植物群落鲜亮的绿色，到牧场温暖的褐色，再到山区里的一种棕红。"[①]广告商试图与消费者的想象力和情绪对话。

3. 自我实现的需求

自我实现是最高层次的需求，指人在实现了生存、情感这些需求后，渴望实现个人价值，发挥个人的才能，获得社会的认可。迪奥真我香水的广告中，女模特脱掉象征束缚的高跟鞋，沿着屋顶伸下来的一根绸带向上攀爬，最终到达屋顶，尽情享受外面的大千世界，表现了当代精英女性渴望冲破阻碍，实现自我跨越的精神。

奢侈品类的商品在销售时运用自我实现的诉求最为普遍。中国人尤其偏爱奢侈品，在全球奢侈品市场一片低迷的时候，中国人成了世界奢侈品消费的主力军。中国人爱面子、喜欢攀比，热衷于通过奢侈品证明自己的经济实力和社会地位。财富品质研究院的调研显示，虽然在 2013 年全球奢侈品市场面临着诸多压力，中国奢侈品市场本土消费却达到 280 亿美元，境外消费进一步加强，达到 740 亿美元，即中国人买走了全球 47％的奢侈品，是全

---

① 〔美〕迈克尔·R.所罗门（Michael R. Solomon）、卢泰宏、杨晓燕：《消费者行为学》（第 10 版），杨晓燕等译，中国人民大学出版社 2014 年版，第 80 页。

球奢侈品市场无可争议的最大客户。①中国人对奢侈品的痴迷和惊人的购买力让世界奢侈品商家目瞪口呆,香奈儿公司于2015年3月17日宣布将其产品在中国的售价下调20%。降价的第一天,香奈儿的国内专柜排起了长龙,部分经典款卖到断货。

奢侈品这些年也逐渐打入电视购物的市场,就是看好其稳定而富裕的消费者群体。从前几年鲜有耳闻,到近年来频频出现于节目的各种名牌手包、配饰、腕表,甚至价值几百万的跑车,奢侈品对于电视购物来说,已经是相对常见的商品类型。电视购物的观众大多是"有钱

图2-8　香奈尔专柜前的长龙

(图片来源:《东方早报》　寇聪 摄)

有闲"的阿姨和大叔,他们在购买奢侈品时,希望通过这种方式实现对自我价值的认同。当消费者在使用奢侈品时,会在心理上实现阶层的跨越,认为已经跻身上流社会。奢侈品并不仅仅意味着一个商标,人们对其趋之若鹜的背后,代表着一种广泛的自我实现心理。

在销售时运用自我实现心理较常见的还有收藏品。收藏品的消费者大多是退休老干部、教师、医生和儒商。收藏品需要具备一定的历史文化知识才能鉴赏。对于这一类消费群体来说,增值并不是第一目的,他们在玩收藏的同时满足了对自身文化品位的认同。东方购物曾销售纪念辛亥革命100周年的孙中山先生邮票大全册,购物专家高黎在开场中这样说:"真正的收藏,是一种自我实现。这种自我实现的心理,这种人生精神境界,堪称收藏的楷模。今天,我们要帮助您圆了收藏梦,您收藏的是辛亥革命100年纪念的珍贵邮票,每一张邮票都穿越了几十年的岁月,方寸之中蕴含了无穷的岁

---

① 引自财富中文网,http://www.fortunechina.com/business/c/2014－06/10/content_208949.htm。

月魅力!"①高黎的这段表述抓住了观众内心所想,收藏就是实现自我价值的一种途径。

四、观众为什么迟迟不下订单

购物专家在直播时承受着巨大的压力,现场的环节不能有任何差错,PD在耳机里一直重复着销售的数量更让人焦头烂额。观众为什么迟迟不下订单?

电视购物借助大众媒体平台从事营销活动,它的经营必须遵循营销学的发展规律。营销活动有四大基本元素:产品(product)、价格(price)、渠道(place)和促销(promotion)。因为这四个元素的首字母均为p,所以有人称之为4P理论。在电视购物节目中,渠道和价格不是购物专家可控的,因此我们着重考虑的是产品的叙述方式和促销方式的差别。

(一)我有酒,你有故事吗

从营销学的角度看,产品不仅要有独特的卖点,还要学会把卖点包装成一个故事。营销某种程度上并不是单纯地卖产品,就像喝酒的人也总要吟诗作对、畅谈古今,才能把酒和那千古爱恨情仇一并咽下。很多时候顾客不购买商品,是因为他们还没有被打动。远离故土的人在异地他乡吃到一碗家乡的馄饨会感动得泪眼婆娑,这既是对食物的深情,也是对故土的牵挂。"小时候,一听见芝麻糊的叫卖声,我就再也坐不住了"这句经典的广告语不知唤起多少人的乡愁,因此成就了南方黑芝麻糊的销售奇迹。

镇江的锅盖面至于是不是得名于乾隆皇帝下江南时,面馆的老板见了皇帝一时手忙脚乱把小锅盖扔进了大锅里都已经不重要,重要的是人们在吃面条时会津津乐道于这位爱微服出游的皇帝当年的轶闻趣事,也坚信自己吃的就是乾隆皇帝赐名的那碗面,这已经成为营销案例上浓墨重彩的一

---

① 高黎:《电视购物节目中主持人的"深度"把控——以东方购物频道为例》,《声屏世界》2012年第6期。

笔。一个好的品牌背后都有一个好故事,在销售国际一线奢侈品牌 Prada 的一款非常畅销的尼龙手袋时,购物专家为观众讲了这么一个动人的爱情故事:

这款手袋的设计者是 Prada 集团第三代传人 Miuccia 小姐。据说 Miuccia 小姐年轻时爱上了一位街头画家,但家庭背景的巨大差异让他们没有办法在一起。于是两人租了一架飞机私奔,但飞行过程中飞机出了故障,飞行员背了一个降落伞跳下去。Miuccia 小姐和画家只剩一个降落伞,画家把降落伞让给了 Miuccia 小姐,自己选择了死亡。Miuccia 小姐一直珍藏着那个降落伞,用它做成了一个包,就是我们今天现场的这款经典的 Prada 尼龙包。

观众听了无不动容,这已经不是一个简单的尼龙包,而是象征着用生命换来的爱情。这个故事一讲完,后台的热线开始爆满。

(二)临门一脚

观众迟迟不下订单,购物专家如何抓紧最后的机会让观众不再犹豫、踢进这临门一脚球,往往要依靠促销手段。电视购物促销的策略有很多,大致有限时、限量等几种。限时指的是在有限时间内拨打电话订购,即可获得时间段外不能享受的折扣,如东方购物的《幸运十分钟》就是在十分钟的直播时间内抢购才能获得优惠,很受观众欢迎。限量指的是仅提供有限数量的商品,售完为止。限量是现在流行的饥饿营销的一种方式。饥饿营销指的是销售商有意控制销售数量,造成供不应求的假象,使商品的品牌价值和影响力成倍扩大,为后续销售打下基础。例如苹果公司每推出一款手机,需要预定且等待相当长一段时间才可以拿到货,每人限购两部。果粉通宵排队,黄牛高价卖水货,人人哄抢,一机难求。通过这样的营销策略,树立了苹果产品的高价值形象。电视购物中也借鉴了这一经验,取得了不俗的成绩。很多节目一开始,购物专家就会告诉观众今天的备货有限,并且不会再补货,请电视机前的观众抓紧时间抢购。从效果来看,限量的方式比限时的方式更能让消费者有紧迫感,从而尽快下单。

促销的理由有很多,周年庆等各种节庆理由最常见,只要打开购物频道,一定都在庆祝节日。开年的好礼、年终的特别回馈、每个季度的大促销,从年头到年尾,都可以找到促销的理由。近年火热的节庆文化,更是让电视购物找到了好理由。情人节、母亲节、儿童节、圣诞节、春节,节庆礼物一网打尽;除此以外,还有各种频道自制的节日:珠宝节、家电节、数码节……借着节日的由头,推出一系列应景的产品和实惠的套装,消费者也乐意下单。

中国是礼仪之邦,讲求"礼尚往来"。中国人登门拜访一定要带礼物给主人,主人在送别时要回赠礼物。对于中国人来说,送礼几乎是生活的一部分:亲朋好友乔迁之喜、购车、结婚、考大学,都离不开赠送礼物。中国人要面子,希望礼物是体面的,看起来要超过它的实际价值。这一点,韩国人有过之而无不及。韩国人送礼时,用在包装礼盒上的钱是礼物的好几倍。因此如何让消费者买到体面且实惠的礼品,是购物专家需要关注的。

(三)举手投足间的艺术——形象美

干练得体的形象也是购物专家必不可少的职业特征。恰当的手势、得体的站姿或坐姿、淡雅的妆容,都为购物专家的可信任度加分不少。

1. 姿态与表情

（1）站姿

购物专家站立时胸部要自然舒展,背部要挺拔。两肩打开,不可弯腰驼背,要始终保持向上的挺拔感。女性一般采用"丁字步"的站姿,男性采用"八字步"站姿,但双腿不宜分得太开,不得超过肩宽。

电视购物需要主持人根据节目的进展不断移动展示或推荐,所以不能强求购物专家从头到尾都保持一个固定的站姿,可以适当根据节目情况做相应变动,才会让观众不觉得呆板。

（2）坐姿

坐在椅子的前部,双脚自然着地,后腰挺直,身体略前倾。注意不要懈怠地坐在椅子上,在保持后背挺直的基础上整个上半身向前倾,身体的重心应保持在腰部以下,重心掌握好了,才能保持各部分的平衡。

这种标准坐姿适用于一般情况,但购物专家在推荐商品时会根据节目需要或坐下或躺下,这时应以轻松随意为主,不宜过于僵硬。另外值得注意的是,女性购物专家在双腿交叠而坐时,小腿要尽量平行,不可分得过开,脚尖应朝下以示尊重;男性购物专家双腿不可交叠,也不可分得过开,以免显得过于随意和粗俗。

图 2-9　购物专家的坐姿

（3）手势

购物专家的手势是非常重要的副语言。因为要配合介绍商品,所以经常会有购物专家手部的特写。购物专家的手一定要干净整洁,男性不能留长指甲,女性的指甲可以用指甲油适当美化,但不宜过于妖艳,以免影响画面的整体美感。

在推荐不同的产品时,购物专家的手需要配合语言做出相应的动作,例如在推荐皮包时,手可以不断揉捏包包,以展示皮质的柔软。在推荐纺织品(如床单)时,可以用手轻轻在纺织品上抚摸,以展示材质的亲肤性。

图 2-10　购物专家用手展示首饰

在推荐首饰时,购物专家的手就成了一个陈列架,一般手背朝外,把饰品挂在手背上。因为手部皮肤较细腻白皙,可以较好地映衬首饰。

(4)表情

购物专家的表情应亲切和蔼,脸上应多呈现轻松愉悦的笑容,不宜过于严肃和紧张。注意不要僵硬地一直盯着镜头,可以时不时和身边的搭档对视和交流。

2.服装造型

购物专家的服装整体应以简洁大方为主,同时还应针对不同商品穿着相应服装。

图 2-11 购物专家的衣着应和所推荐商品相关

(1)生活家居类

购物专家衣着应轻松随意,配合产品打造出温馨的家庭氛围。如果推荐服装类商品,应该穿着相同或类似款式的衣服出镜。如果推荐厨具类和其他日用品,女性可穿着简洁大方的连衣裙、休闲套装出镜,男性穿舒适的 T 恤或休闲衬衫也是不错的选择。

(2)数码家电类产品

推荐数码家电类产品时,购物专家的穿着应较为时尚,以迎合年轻消费群体的喜好;男性在穿着上可突出商务感,突显商务精英对产品的青睐。

（3）奢侈品类

购物专家在推荐奢侈品时,女性可以穿着较隆重的晚礼服,盘头,佩戴钻石项链;男性可着西装、打领带,给人尊贵体面的感觉,以配合商品的宣传需要。

购物专家在挑选服装时要注意几条原则:

第一,服装要适合人的气质和外形。圆脸的人应选择 V 领的服装,让脸型显得修长美丽;长脸的人应选择圆领服装,淡化脸型过长的感觉。体型偏胖的人不适宜穿设计过于繁复的服装;太胖或太瘦的人都不能穿太修身的服装,会暴露身材的缺陷。

第二,颜色不宜过多,全身的颜色不应超过三种。体型偏胖的人不适宜穿高饱和度的颜色。肤色白皙的人可选择暖色调,如红色、橙色、黄色等;肤色偏暗的人可选择冷色调,如青色、青绿色、青紫色等。

第三,恰当的配饰可以起到画龙点睛的效果。女性的珠宝首饰可以给人雍容华贵的感觉,但要注意全身的首饰不应超过两件,以一件为首选。丝巾可以改善脸型,腰带可以提高腰线,巧妙运用可以修饰外形上的缺陷。男性的领带应大气简洁,颜色上可适当呼应女性搭档的服装色彩。

图 2-12　购物专家的配饰

3.化妆造型

为了取得更好的上镜效果,购物专家需要对自己的面容进行修饰,这也是必须具备的专业素养之一。购物专家的妆容需要符合三点要求:第一,符合电视拍摄的特点,尽可能改变经摄像机拍摄后过宽、过膨胀的视觉感受;第二,符合电视购物节目的审美特点,以自然、亲切为主;第三,符合购物专家自身相貌的特点,扬长避短,不可一味追求流行。

化妆的一般顺序：

（1）保湿

日常保湿是主持人作为公众人物应该做好的基本工作，购物专家的形象不仅仅代表自身，更代表着频道的形象。因此让皮肤得到基本保养，维持较好的状态是一种职责。日常保湿保养步骤包含洁面、化妆水、精华、乳液（或面霜）等几个步骤。如果需要长时间持妆，化妆前敷一张面膜会有事半功倍的效果。

（2）妆前液

为了让妆容呈现最好的效果，在上底妆前要先上妆前液。妆前液分为保湿和控油两种。如果是干性皮肤，就用保湿型妆前液，让妆容润泽不容易卡粉；如果是油性皮肤，就用控油型妆前液，让妆容持久不会花。

（3）遮瑕膏

人的肤色都会有斑点、痘印和眼圈等需要遮盖的地方，遮瑕膏要重点修饰这些区域，改善面部肤色深浅不一的情况。

（4）粉底

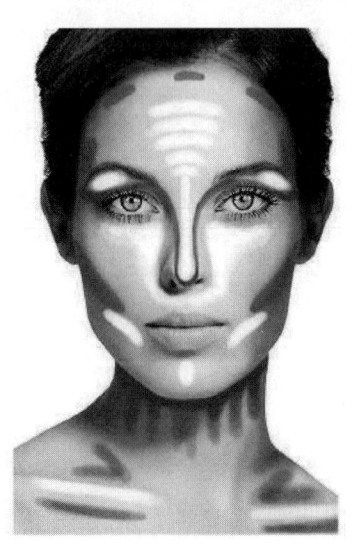

图 2-13　修容的技巧

粉底用以提亮肤色、修饰面部瑕疵。粉底的选择要贴近肤色，一般比肤色亮 1—2 度为宜，切不可一味追求白，造成面具一样的妆容。粉底分为干性皮肤、混合性皮肤、油性皮肤适用，应该根据自己的肤质选择粉底。可以用粉底刷或粉扑，逆着毛孔上妆。底妆要均匀、细腻。

（5）修容

东方人面孔较扁平，需要适当使用阴影和高光营造出面部的立体感。

如图 2-13 所示，白色区域涂抹高光粉，褐色区域涂抹阴影粉。需要注意的是，亚洲人脸型不同于欧美人，不应强求立体感，应根据自身特点进行修饰,营造属于亚洲人的柔美感。

（6）眼妆

眼睛是心灵的窗户,眼妆也是整体妆容的重点。完整的眼妆首先需要用双眼皮贴修饰眼形,单眼皮和内双或大小不一的眼睛可以通过这一步得到改善。然后就是通过眼线进一步调节眼睛的形状,眼睛过小、眼距过大、眼角下垂都可以得到改善。接着是上睫毛膏,最后是上眼影,营造眼窝的立体感。

（7）画眉

眉毛决定了人看起来是否有生气。一般用眉笔勾勒眉毛形状,中间用眉粉填充。眉粉的颜色选择应该和头发的颜色接近,不能过深或过浅。眉形的选择格外重要,近几年流行韩式平眉,也叫一字眉。平眉对脸型的要求非常高,比较适合瓜子脸或偏长的脸型,可以打破脸型过长的感觉。但东方人脸短额低的情况非常普遍,画平眉反而会让五官显得更挤。因此,对于大多数人来说,将眉毛稍稍画出点弧度会更美。

（8）腮红

腮红可以让人看起来面色红润、容光焕发。腮红的颜色应与唇膏颜色一致。涂抹腮红的时候可以做微笑的表情,用腮红刷轻轻斜刷在笑肌上。

（9）定妆

在大部分妆容完成后,可以用散粉做定妆。这个步骤最好在涂唇膏前,避免散粉掉落在唇妆上。用大号散粉刷或粉扑沾取少量散粉按压在妆面上,可以让妆容更持久,还可以弱化妆感,起到柔焦的作用。除了散粉,还可以用BB霜做定妆。因为BB霜含有油性成分,可以呈现有光泽感的陶瓷肌肤,很受女性的青睐。

（10）唇膏

最后一个步骤就是涂抹唇膏。唇膏的色彩可以选择红色、粉色、橘色等温暖明亮的颜色,打造购物专家亲切自然的形象。男性购物专家的唇色应接近自然唇色。

第三章
电视购物节目主持的训练方法

在梳理了购物专家必须具备的核心能力和综合素养之后,本章将有针对性地进行训练,系统提高购物专家的大众传播能力和销售能力,适应电视购物频道时代的专业复合型人才需求。

第一节　核心能力训练

一、营销语言能力训练

购物专家是有声语言工作者,在五位一体的核心能力中,其他能力最终要通过语言能力来呈现,因此,语言能力的训练放到了首要位置。购物专家语言能力的高低,直接影响到与观众的沟通,影响到节目效果,影响到最终的商品销量。

（一）艺术化的语言策略

语言是一门艺术,营销语言是结合了营销理念的艺术化语言。我们在进行训练时,千万不能孤立地来看。电视购物的营销语言不同于新闻、综艺等其他类型节目的语言,呈现出自身的特点,我们在训练时应做到有的放矢。

来看一段案例,尝试用艺术化的营销语言来表现。

今天的这一站我们来到了珍珠的故乡浙江诸暨。给大家带来的这个品牌是已经有 50 多年历史的安妮珍珠。其实安妮珍珠从安妮的爷爷辈到父辈到安妮董事长本人三代传承,三代都在用心地做珍珠。安妮这个品牌不管是在浙江当地还是在全国已经有了自己大批的客户,甚至在国外也有了自己的客户。今天好享购物给大家带来的这一款珍珠项链,正是由安妮珍珠精心为大家挑选出来,每一颗的品质都值得大家去拥有,而且是经受得起大家挑剔的眼光的。

短短两百多字,要说好却并不容易。我们可以从以下几个方面来训练。

1. 快而不乱,慢而不断

从营销的角度来说,卖场播放的背景乐的节奏快慢直接影响到顾客的购买行为。快节奏的音乐会加快顾客的购买行为,而慢节奏的音乐会让顾客放松下来慢慢挑选。因此在春节期间,超市为了缓解拥挤、加快顾客的购买节奏,会播放快节奏的歌曲,而平时则会播放节奏舒缓的音乐。

将这种理念落实到电视购物节目中,整体上为了营造购物的轻松气氛,主持人表达的节奏应该以轻快型为主,根据商品性质、促销手段的不同适当加快或放缓节奏:收藏品的节奏会稍慢,消耗品的节奏则较快;大型促销时会稍快,而一般时段时会稍慢。电视购物节目容易出现的误区就是以极快的节奏来吸引观众,部分内容甚至快到听不清、逻辑混乱,反而会降低观众的收看兴趣。反之,语速太慢,语意断开,观众听了昏昏欲睡,也会影响销售效果。购物专家要把握"快而不乱,慢而不断"的原则,从整体上把握语言的快慢。

下面这段话,请尝试用正确方式来表达:

欢迎收看本档直播,这一款酒我们在 2014 年的 8 月 26 号全新首发,一档节目 40 分钟不到 288 组全部售罄,然而第二次播出是在 9 月 27 号也全数售罄。很让我欣慰的是今天过了一个月时间我们又再次来到 XX 购物,茅台收藏级别的酒——国宝熊猫系列,今天依然是限量 288 组,而且我可以很负责任地告诉大家,这款酒当时画国宝熊猫的大师已经不能跟茅台合作了,所以这款酒很可能成为绝唱,所以希望您一定要把握住机会。

2. 轻重有别

购物专家在表达时,要强调的内容需要加重语气,以提醒观众注意。一段内容中适当突出重点内容,可以取得正面的传播效果,例如下面这段内容:

298元,它只是您去一趟超市的钱,但是却可以把20斤洗衣粉带回家;

298元,也许不够买一件衣服,但是它用来买我们今天的产品,如果每次衣服用半勺的话,它可以够您洗整整2—3年的时间;

298元,今天不仅可以把20斤洗衣粉带回家,我们还可以送您一个398元的超值大礼包。

画下划线的部分就是购物专家强调的内容,突出了商品的实惠、超值。再来看下面的案例。

都说是养生锅养生锅,为什么大家家里面都爱用高压锅呢?是因为它能够抽真空、保鲜,把营养成分都锁在里面。今天我的原理是一样的,但操作更加便捷,我们今天这口锅是不挑灶具的,火电都可用,而且是耐高温,长时间使用都是没有问题的。

这段案例中,强调的内容太多了,过犹不及,让观众把握不到真正的重点,反而会减弱效果。大家注意几个使用上的误区:

第一,强调内容过多。有些购物专家为了强调自己产品的性能优良,在表达的时候几乎每个字都是重音。这是一种误解,全部都强调则意味着没有强调。

第二,强调过少或没有强调。有些购物专家只顾闷头背诵准备好的稿子,全文几乎没有强调的地方。这种表达方式只会让观众觉得乏味冗长,没有兴趣听下去。

第三,强调的位置不恰当。

某品牌化纤被的销售词:

禁止化纤被流入<u>家庭生活</u>中。

禁止<u>化纤被</u>流入家庭生活中。

正确表达应该是第二种,强调化纤被不应该被使用。

3.感情色彩适当

从电视购物节目的特点来说,主持人的感情色彩不应大起大伏,应以亲切自然为主。在具体运用时,可进一步细化。

(1)不同色彩的感情对比

红/黑 红/绿 黑/白 深红/大红/粉红 土黄/鹅黄/柠檬黄

(2)不同质地的语气对比

纯棉/化纤 羊皮/人造革 硅胶/塑料 天然水晶/人造水晶

(3)不同体感的语气对比

冷/热 柔软/僵硬 光滑/粗糙 甜蜜/苦涩 动听/刺耳

下面这段案例请尝试用适当的感情色彩表达:

我们的榨汁机榨出来的果汁除了单独喝之外,再教大家一个营养可以再次升级的方法,淋到酸奶或者冰激凌上,做水果奶昔。这个时候放暑假了,小朋友在家里,你让他吃那么多添加剂的饮料好呢,还是说让他喝天然的果汁、奶昔好呢?这样的一杯放在他的面前,他一定会超爱哦!

(二)营销语言的艺术呈现

购物专家对语言的高度驾驭力不仅体现在声音的表现形式上,还体现在表达方式上。巧妙而婉转地说服对方,通过话语塑造自己的独特魅力,这些都有赖于营销语言的艺术化呈现。

1.让语言栩栩如生的策略

（1）如何描述商品外观？

①锦上添花

商品外观描述是即兴描述的基础，购物专家要用简洁生动的语言，对商品进行外部形状的描述，以起到锦上添花的效果。所谓简洁生动，是指既不能啰啰唆唆不得要领，同时还要提起观众的兴趣。购物专家如果基本功较弱，在面对产品时，只能反复重复商品介绍中的那几句话。优秀的购物专家不仅能够准确描述，同时还能放大商品的光彩，让消费者怦然心动。

在销售一款稀有的一克拉黄钻戒指时，购物专家是这样描述的：

下面我们就来看一下，我们这颗戒指到底美在哪里？

首先来看戒指的颜色，戒指当中的这颗主石，一克拉的 Fancy Yellow，它的那个黄，是从里到外折射出的金灿灿的颜色。它不是微微的淡如水的黄色，而是特别浓郁，所以才叫第一军团色。如果戴在手上，因为中国人的皮肤很白，很衬这个颜色，就像戴了一颗大金戒指一样，但是它又比金戒指的金色更加国际化、更加雅致、更加奢华。

就一个简单的黄色，购物专家用了近两百个字来形容。虽然颜色对于观众来说是可见的，但是如此强调它的色彩，也是对商品价值的彰显。

②紧扣细节

优秀的购物专家会紧扣商品的细节大做文章。在销售一把紫砂壶时，购物专家就扣住了壶的形状来展开陈述：

咱们今天这个壶啊，最大的不同就在于它是一把"方器"，行话叫"一方抵十圆"，所以方器是非常难做的。那么在方器当中还有一句话，皇冠上的明珠就是"抽角"工艺，也叫"隐角"，就是隐藏的隐。就是方的角这里按道理应该凸出来，但是大家看这把壶的角是凹进去的，隐藏起来的，所以叫"隐角"。壶把的地方呢，是竹枝的形状，而且是由宽到窄，做得非常生动。壶钮的地方也是竹子的形状，正好合上了我们新年"节节高升"的彩头。壶嘴的地方正好像一根竹笋的样子,太漂亮了。

购物专家之所以抓住"形状"这个细节,是因为我们平常见到的紫砂壶大多是圆的,而方的非常少见,因此把形状作为一个卖点来陈述。

（2）如何描述商品功能？

①联系当下

在介绍商品的功能时,要能够紧密联系现代人的生活,找出产品和现代生活方式的契合点。美国人崇尚闲适自由的生活,因此他们的很多产品是为这种生活方式服务的,例如供全家人享用的 SPA 浴池、妈妈请朋友来家里吃饭用的烧烤炉、妹妹的带滑梯的秋千架……

中国人也有自己的生活方式。现在市面上的榨汁机和搅拌机琳琅满目,购物专家在介绍产品功能时,如果仅仅突出它善于搅拌的特点,就无法从铺天盖地的竞争产品中突显出来。购物专家可巧妙抓住当代城市白领工作节奏快,来不及在家做早饭的问题,突出某款产品最大的优点就是搅拌工作完成后,只要把搅拌杯取下,换上普通的杯盖,就可以随身携带当作早餐了。购物专家同时还可以教大家如何用水果、谷物、坚果一起制作营养早餐。

②分清主次

当一款产品有很多功能时,介绍的先后顺序就显得格外重要。对于购物专家来说,应该把产品最有特色的功能放在前面说,如果是大众都了解的一些常见功能则可以放在后面说,甚至不说。比如在推荐一款智能手机时,基本的打电话和发短信的功能就不必过于强调,而应该突出其"智能"的特点,如何运用手机合理规划生活,健康、社交、家庭方面的问题统统交给智能手机,才是这款手机的主打功能。

③合理比较

不怕不识货,就怕货比货。通过与市面上类似产品的优劣比较,挖掘推荐商品的强大功能,也是购物节目中常用的手法。在推荐一款空气炸锅时,购物专家同时用普通油锅和空气炸锅分别做了一锅炸鸡翅,并如是说：

我们用普通锅炸鸡翅的时候，油放得特别多，这用完的油倒了吧，阿姨妈妈肯定舍不得；二次使用吧，特别不健康。而且烤出来的鸡翅吧，油特别多，统统都被我们吃进肚子里了。而如果用了我们的空气炸锅，没有用一滴油哦，大家看一下，颜色上一点也不逊色于油炸的，而且鸡翅里面肉汁特别丰富，鲜嫩美味。

（3）如何描述商品的使用感受？

电视购物的消费者不能直接接触到商品，因此对消费品的使用、体会都是由购物专家转达的，这种感受也叫"替代性经验"。食物的味道、皮革的触感、按摩椅的舒适感等，这种使用感受的描述是购物专家语言训练的重要一环。

①口感

在销售红心火龙果时，购物专家并不是仅仅说好吃，而是用了非常多样化的呈现方法。

购物专家：今天销售的红心火龙果，和咱们平时看到的白心火龙果是不一样的。口感甜甜的，像蜜一样，颠覆了大家对火龙果没什么味道，不太爱吃、要强吃的印象，至少我以前是这么认为的。我以前对白心的很抗拒，但今天带来的红心火龙果确实让我挺吃惊的。

（切开火龙果）哎哟，你看看这水儿！怎么会这么红啊？天啊！用小勺子来刮，就会发现很嫩，汁水非常多。观众朋友，我稍微碰一下，你看这汁水，这流得啊，都没有办法去控制它。

关键是口感怎么样呢？汁水多，肉厚实，说得我口水都要流下来了。（嘴里塞满火龙果）好甜哦！观众朋友，这里面其实有点像舀西瓜，你舀西瓜的时候，西瓜中间都是水，摄像老师麻烦给我个镜头，这里面全都是汁水。我现在把水一口喝了，像我这么吃一点儿都不浪费。

我们再来看一下，观众朋友，这个火龙果的皮啊真的只有很薄的一层。（购物专家用刀分离开果皮果肉）真的是皮薄果肉多。

购物专家在描述时通篇没有提到"好吃"这个词,转而描述它的汁水多、皮薄肉厚、口感鲜甜,但实际上都是在说水果的好滋味,让观众好像自己已经吃到了可口的水果。

②触感

受众在电视机前没有办法触摸产品,而购物专家是可以的,因此需要用恰当的语言把这种触感传递给观众。比如在推荐一款气垫 BB 霜时,BB 霜附赠的粉扑手感非常细腻绵软,购物专家巧妙地将其形容为"玉米糕",让受众很容易联想到那种软且弹的手感。

在销售一款床上用品时,购物专家形容商品的触感很像丝绸:

当它贴着您的肌肤的时候,就会发现好舒服。你看我拿了一个真丝的小背心啊,非常有光泽,我把它放在手背上,它自己就会滑下来。为什么会滑下来?因为真丝它就是纤维皇后,它是最亲肤的,跟肌肤接触的时候就是这么柔柔滑滑的。我们这款产品就是真丝一样的手感。

③其他使用感受

除了以上两种感受外,购物专家还经常会推荐一些家居用品,如床垫、沙发、床上用品、各种木制家具等,需要告诉受众坐或躺的感受。这里选取一个具有电动功能的皮沙发作为参考案例。

购物专家:我们今天的电动沙发是可以调整角度的,只要按动按钮,沙发就可以调整到我们觉得舒适的角度。你看,我的脚抬起来了。

厂商代表:我平时 90 度坐着,虽然也挺舒服,但是吧,好吃不过饺子,舒服不过倒着。从 90 度到 165 度之间,任意角度都可以调整。

购物专家:从你的头部到你的脚部,都给你一个承托力,把你整个人都包裹了起来。像我们女孩子下班回家,穿了一天的高跟鞋,小腿肿胀、脚酸痛,如果此时此刻能有一张这样的沙发,让我往里面一躺,哇!真的每个毛孔都得到了放松!我现在有一种躺在棉花糖里的感觉,因为到处都是软绵绵的,非常舒服。

2.理性说服对方的语言技巧

（1）让对方没法说"不"

设法营造一种良好的氛围,让观众做最后决定前一直在做肯定回答,那么在下订单的那一刻,也会是肯定的回答。购物专家需要掌握较高的语言技巧,因为一旦前面的某个环节不成立,就会影响最后的结果。因为人一旦说了"不",整个人都会处在一种抗拒的状态,即便后面再怎么劝告,都可能于事无补;而一旦说了"是",人则会处于一种开放、积极的状态,对他人的意见也更乐于接受。因此,购物专家需要专注于观众会做肯定回答的事,而不是谈可能引起分歧和争议的事。正确引导,让观众做出最终的选择。

购物专家在销售空气净化器时,是按照这样的顺序来陈述的:

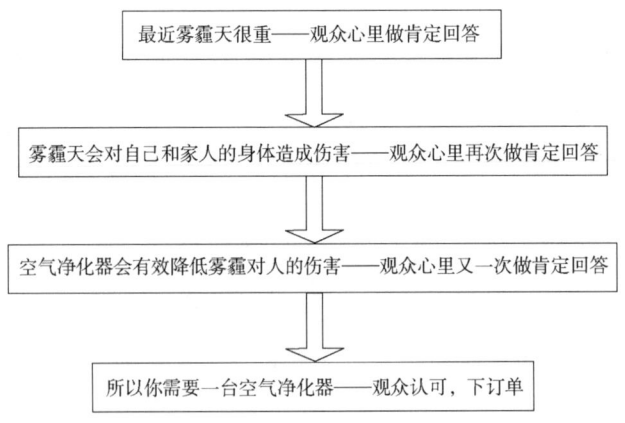

购物专家设置一环扣一环的逻辑结构,观众顺着其思路走,按照一直以来的肯定的回答,最后关头很难做出否定的答复。因此这种让对方没法说"不"的技巧,一直是购物专家的看家本领。

（2）润物细无声

观众并不喜欢"强买强卖"的购物专家,电视机前颐指气使让观众下订单的购物专家的销量实际上并不尽如人意。观众更愿意选择"润物细无声"的销售方式,购物专家只要提建议就可以了,决定让观众自己来做。购物专家一定要让观众觉得,购买商品是他们自己的主意,并没有受到任何人的干扰。

目前很受追捧的服装品牌 Zara、HM、Gap 都是用的"零干扰"的销售模式，观众自主挑选、自行试衣，全程没有任何销售顾问干扰，充分享受自主决定的感觉。但是电视购物节目没有办法实现这点，因此购物专家要实现这种"零干扰"的推荐，实非易事。目前的大多数购物节目中，购物专家不像直销时代那样不断催促观众下订单，而是配合着轻快的音乐，细细介绍产品的特性、功能，并和市面上其他产品做比较，至于买不买，就留给观众做决定了。当然，这个引导的过程是大有学问的。在一档空调的销售现场，购物专家并没有先介绍空调的相关信息，而是从消费者的角度询问厂商代表，有没有好的空调可以推荐，因为她最近正好要置换空调，她家里原来的空调制冷效果一般，而且噪音很大，吵得孩子、老人没法睡觉，耗电还特别多。厂商代表顺势带出要推荐的商品，说这款空调正好可以满足购物专家的全部需求，一起来看看……

还有部分有经验的购物专家，即使不说话，也有办法让观众下订单。台湾东森台的著名购物专家斯容曾经介绍过她卖卡拉 OK 的经验。斯容最开始的销量并不好，因为老年人对新鲜时髦的东西接受起来相对较慢，而且卡拉 OK 的使用体验很难传达。斯容慢慢发现，在节目中唱歌，打进的电话数量就会提高。为了了解老年人都爱听些什么歌，斯容就自己坐火车到台湾的中南部，类似屏东、高雄这些地方。阿妈阿公们很喜欢在大树下用投币机唱歌，十块钱唱一次。斯容在那里学了很多闽南语歌曲，回来后在节目中唱给观众听，取得了非常好的销售效果。

（3）欲扬先抑

欲扬先抑指的是要想得到最后的结果，一开始反而要朝着相反的方向去。这种欲扬先抑的手法往往能收到意想不到的效果。

在康宁锅的销售现场，购物专家和厂商代表在节目的一开始就双双鞠躬道歉，让观众摸不着头脑。购物专家在节目中言辞恳切，表示非常对不起消费者，因为这次的活动折扣力度太大，赠品太多，因此不能够满足所有的消费者,只准备了不到 100 份的备货,可能很多观众的要求都无法满足。厂商代表立即跟上,表示这次活动这么低的折扣、这么多的赠品,确实是贴钱在做,每卖出一份都在亏本,因此只能准备这么多货,用以回馈频道的老会员,实在对不起。此开头一出,热线电话立即爆满。

在推销一款顶级红木家具时,购物专家介绍了红木的几个等级,告诉观众最好的那个等级已经没有了,几乎绝种了,所以今天售卖的只是第二个等级的产品。观众听了稍许有些失望,但购物专家一再强调这个等级的红木已经非常难得了,而且价格也很实惠。就在这个时候,厂商代表把货抬上来,大家却发现这居然是顶级的红木。厂商代表解释,因为后台的失误,造成了这档节目必须用二等货的价格来卖一等货。虽然是事先商量好的桥段,但观众还是觉得得了大实惠,开始纷纷下订单。

3.唤起观众情感共鸣的话语风格

(1)充满热情的沟通

购物专家在节目现场要时刻点燃自己的热情,并且把这种购物的欢乐和喜悦传递给观众。先感动自己,才能感动观众。美国 QVC 的主持人很擅长这种沟通方式,"通常主持人会在微笑、丰富的面部表情伴随下,用热情的、抑扬顿挫的语言做开场白。'我无法想象还有什么地方比得上在这样宁静的夜晚和你一起度过新年前夜。''这是个美好的夜晚不是吗?(凌晨三点半)非常安静。只有你和我,一对一地在 QVC。'"[①]在推荐一款跑步机时,购物专家干脆直接跑着步和大家打招呼,非常有青春活力。

购物专家如果能以充分的热情投入到节目中,会起到事半功倍的效果。电视购物节目里近年来流行一种新型产品:旅游套餐。度假是轻松愉悦的事情,美丽的风光、诱人的美食都非常具有诱惑力,但同时也需要购物专家在节目中将度假的气氛恰当地表现出来。在推荐海南三亚亚龙湾旅游套餐时,购物专家和厂商代表都热情高涨,节目录制现场俨然来到了热情四溢的

---

① 沈荟、黄清清:《建构媒体与受众之间的信任关系——美国电视购物频道 QVC 的人际传播策略》,《中国广播电视学刊》2009 年第 9 期。

海滨浴场。两位搭档畅想在沙滩漫步、带孩子滑滑梯和游泳、与情人共进浪漫的烛光晚餐,让人心动不已。购物专家不时加入自己的体验:"这个海滩比萨宴我吃过,哇,真的很多海鲜,好好吃哦!"厂商代表说:"是的,这个滑梯我也带我孩子去滑过,孩子很喜欢。而且三亚白天那么晒,我就带孩子在酒店绿荫环绕下的游泳池玩,一点都不会晒到。"这么富有感染力的语言,观众听了自然会迫不及待想要带着家人去度假。

(2)贴近观众的话语风格

购物专家在直播间面对的是镜头,但镜头后是千千万万的会员观众。在节目中,购物专家的语言必须贴近观众,切忌自说自话。

在销售东方滨江大酒店婚礼套餐的时候,购物专家亲自来到外滩,做了一段现场解说。购物专家笑容温婉,语气柔和,身后就是气势恢宏的酒店和浩浩荡荡的黄浦江:

有人说上海最美的地方就是陆家嘴的天际线,而上海国际会议中心恰好就坐落在这条最美风景线的核心位置。国际会议在这儿举行,国际名流在这儿就餐,您有没有想过,您家人的婚礼也将在这儿举办呢?

这段话紧扣观众办婚礼"爱面子"的心理,听了恐怕很少有人不心动。

在购物节目中,有的购物专家一开始就会问候观众:

大家好,先问候大家一句昨天睡得好吗? 这种天气是不是最难适应了? 开空调吧,嫌冷;不开吧,又会热出一身汗。今天就给您推荐一款很适合这个季节用的商品。

体贴入微的关怀,形成了独具魅力的表达风格。这种家人、朋友般的问候,一下子拉近了和观众的距离。

(3)生动引导

购物专家在推介商品时,要不断激起观众的购物欲,把商品特性引导为观众的需求,促使消费达成。在一档销售康宁锅的节目中,购物专家了解到购买、使用厨具的大多是主妇,因此在语言上特别迎合了女性爱美、爱珠宝的心理。

大家请看,我们今天推荐的是康宁公司的皇冠锅。第一眼,大家觉得设计怎么样?我们这个锅盖的把手就是一颗钻石的设计,非常漂亮,有很多璀璨的切割面。大家看看像什么?(购物专家此时把手贴到把手下面)像不像女人的钻戒!我们经常说女人这辈子都想要一颗钻石,今天呢,您的厨房里也可以有这么一颗大钻石!

主妇们常年辛苦劳作,每天在厨房里要待好几个小时,确实很枯燥乏味。如果在做烦琐家务的时候,能够增添点乐趣,是所有主妇都很乐意的。购物专家把锅盖比喻成钻石戒指,钻石闪耀动人,女人都喜爱,更何况钻石代表的是忠贞的爱情,让主妇们在煮饭的时候心里也想到爱人,想到自己辛苦劳累是为了至亲的家人,心情会愉悦不少。购物专家的引导十分生动,带有强烈的引导消费意识,是极佳的创意。

4. 饶有趣味的话语技巧

一段富有趣味性的推介会让人想继续听下去,一段无趣的推介会有看说明书的感觉。来看下面这段案例:

今天为大家带来的是罗莱家纺的四件套。今天的四件套区别于我们平时看到的四件套,今天的产品是40支高支高密的纤维揉成的产品(什么是高支高密的纤维?),区分于平纹、斜纹(什么是平纹、斜纹呢?),产品面料有正反之分,密度较高,更加厚实,质地松软。我们今天的床单是分有a、b面的(a、b面的说法太生硬),a面采用了粉色的花色为底色,橙色、白色、蓝色的搭配显得比较活泼又不失稳重。b面采用浅紫色为底色,红色、浅蓝、紫色的搭配也比较好看(色彩的描述让人提不起兴趣)。

二百多字的叙述不仅没有表达清楚面料、质地、花纹的特别之处,还让观众觉得乏味、沉闷、冗长,实为败笔。商品推荐如果失去了趣味性,就和观众看产品说明书没有什么区别了。那么,要怎么说话才有趣呢?

人在说话时,为了达到表达目的并使自己的话语呈现出最好的效果,需要使用一些修饰的技巧。例如在形容一件产品的特性时,借由另一个产/物品来作比较,这个产/物品在某方面和原产品有一致性。在介绍一款 BB 霜时,购物专家形容 BB 霜的质地像慕斯蛋糕。慕斯蛋糕质地很细腻,含有丰富的营养成分,用吃的东西来形容化妆品,这种"跨界"合作却有意想不到的良好效果。用 BB 霜涂脸的时候,似乎感觉在使用可以食用的产品,让使用者更加安心。

还有购物专家形容珠宝的光泽像一团燃烧的火焰。火焰的光芒很耀眼,而且会变幻出不同的颜色,正像璀璨的宝石。珠宝又属奢侈品,女性购买珠宝大多属于一种自我价值的实现,火焰这个词也正好形容出了每个人心中的欲望之火。

除此以外,还有一些风趣的表达方式也值得借鉴,比如正话反说。一位购物专家推荐某品牌果汁时说:"会员朋友,如果你想喝含糖量高的饮料想发胖,想喝添加剂多的饮料不想身体健康,那么就别买我们的产品了。"没有人想发胖、想不健康,购物专家这么说是故意用风趣的说法把所售饮料的优点突显出来。

二、电视购物策划能力训练

策划能力是购物专家的基本能力之一,在训练时需要从以下几方面入手。

(一)产生商品需求

我们需要了解销售的 FAB 基本法则。F 是 feature,指商品的物理属性,如大小、材质、颜色等。一款珍珠吊坠,品种为海水珠,直径 10 毫米,白色,这些是吊坠的物理属性。A 是 advantage,指商品的优势。B 是 benefit,指商品能给消费者带来的益处。在销售过程中,advantage 与 benefit 常容易混淆,以珍珠为例,海水珠和淡水珠相比,个头更大,色泽更漂亮,这些指代的是商品的 advantage,也就是同类商品相比具有的优势。但主持人在推荐时最重要的一环是把 F 和 A 转变为消费者所需要的特性:"海水珠会突显您优雅、高贵的气质,并且由于产量稀少,海水珠会彰显您的不凡地位,让您在聚会中成为最受瞩目的那一位。"

下表列举了商品的部分本质属性,看看是如何转化为客户需求的。

商品	Feature	Advantage	Benefit
杯子	杯身硅胶套	可以隔热	装热水时不会烫着您的手
防晒霜	SPF30	防晒时间比 SPF15 的长	让您可以不用一直补擦
腕表	品牌:欧米茄	历史悠久	身份的象征
登山服	红色	颜色鲜艳	穿起来显得年轻、有朝气

(二)找准商品卖点

购物专家能不能找准商品的卖点往往意味着节目的成功与否。一般来说,一件商品只有一个主打的卖点,如果卖点过多,反而会分散观众的注意力,影响销售效果。选择商品的卖点时没有捷径可走,只有掌握基本原则后在实践中不断提高。我们在练习时,面对一件商品往往会拿不准到底选择哪个作为主打卖点,就不妨先把所有的物理属性(feature)统统列出来,再逐一对应其优势(advantage)和益处(benefit),看看哪个卖点最能迎合观众的心理。我们以惠人二代原汁机为例:

惠人二代原汁机

	Feature	Advantage	Benefit
1	品牌:惠人	品牌有知名度	大品牌有保障
2	代言人:李英爱	明星推荐的一定错不了	我可以和李英爱使用同样的商品
3	颜色:尊贵金	颜色大气、独特	放在厨房里显得尊贵、奢华
4	外形尺寸: 237×185×402(毫米)	比同类商品要小些	纤细的身形既好看又节约空间
5	低速压榨技术	出汁多	口感更好
6	过滤网眼更大	保留更多膳食纤维	带给我更健康的生活

以上列出的六点特性中,哪一点才应该是主打的卖点呢?惠人是知名的韩国品牌,代言人是韩国著名影星李英爱。品牌进驻中国市场后,获得了不错的反响,有较高知名度。惠人也是电视购物的常驻品牌,观众对这个品

牌并不陌生。虽然我们在销售时,品牌是非常重要的卖点,但是在这里却不应该展开,因为在之前的节目中,购物专家对惠人的品牌背景介绍得比较多,默认为该品牌观众是熟知的。故 1、2 两点不予考虑。

在颜色和外形上,这款产品较有新意,特别是和第一代产品相比,显得更漂亮也更实用。但是观众在购买榨汁机时,毕竟不是挑选家具摆件,外形不是关注的中心,因此 3、4 点只能作为次重点考虑。

第 5 点低速压榨技术是惠人品牌的革新性发明,相比较市面上的普通榨汁机用刀片绞碎水果的工作原理,惠人使用的是压榨技术,不破坏水果原来的营养成分,出汁率更高。同样的水果,出汁可以多一倍。但是需要注意的是,这个技术早在一代产品时就具备了,我们今天的产品是二代原汁机,所以也不能作为主打卖点。

第 6 点是二代升级技术,其实原理就在于一代的过滤网眼很小,所以榨出的是纯果汁。而二代的过滤网眼较大,这样果汁中就可以保留大量的水果纤维,比之前一代产品看起来更浓稠,也更适合做果酱、奶昔一类的食品。虽然不能算大的技术革新,但却是迎合顾客心理的好卖点。在普遍追求绿色健康生活的现代社会,人们愿意尝试更多粗制的食品,富含大量膳食纤维的果汁正好符合这个特点,用它来作为主要卖点最合适不过了。

杨楠:大家好,欢迎继续关注东方购物,我是杨楠。夏天的时候天特别热,大家食欲都不太好。如果说你每天只喝白开水的话,膳食纤维进不来,维生素、矿物质都进不来,在今天我们东方购物为大家推荐的是惠人的韩国原装进口的原汁机,它榨出来的果汁呢,既保留了食物本身的膳食纤维、营养素、口味,而且看上去还那么好看,也能促进大家的食欲,包括营养也是更加均衡。关键门店售价、专柜售价,都是要折合人民币 6 800 元的高端机型,东方购物独家给您优惠到 2 000 多,这个机型只在东方购物,另外还有超值的大礼要等会神奇地都送给大家! 看到这儿呢,先给大家介绍我们的好朋友,来自惠人的卓婷。卓婷,欢迎你!

卓婷:杨楠你好,观众朋友大家好! 我是卓婷,非常感谢电视机前的每一位朋友对惠人原汁机的喜爱和支持,那么大家都知道呢,41年前第一台惠人原汁机在韩国诞生,那经过当中41年的努力,在今天,惠人已经成了原汁机的代名词。在今天晚上,不仅是我们最高端和呕心力作的出现,而且七月呢也是感谢大家支持,是惠人的年中庆,那么带来的组合也是我在东方购物见过的最大的一个组合,从来没有超越过这次组合的力度了。

杨楠:是的,今天不是常规的节目,而是年中庆的这个特惠的节目,限时限量! 最主要的是要把这个价格推荐给大家,首先我们来看啊,这和以往的一些入门的机型好像不太一样哦!

卓婷:没错,它是惠人旗下目前为止最先进的技术,也是最高端的机型,而且是一个白金款式。屏幕中出现的金色可以发现像韩国的苗条少女一样,它的身形呢更加精致、更加苗条,能节省您的家居空间。屏幕中唯一的金色也是尽显它的尊贵和奢华,更重要的是在专柜当中目前680家专柜中只有两家专柜有,价格都是6 880元,这是在北京为您亲自拍摄的,那杂志推荐中也是6 880元,李英爱女士代言的,没有折扣,没有任何的赠品。

杨楠:那么这样的一个机型,到底高端在什么地方? 营养全保留在哪里? 咱们现场来试试。选择两种软软糯糯的水果,一个是水蜜桃,还有一个呢是草莓,这两种东西啊如果您用普通的榨汁机,或者说用老一代的入门款的机器来榨的话,可能里面渣子吐出来是什么呢? 是你特别宝贵的,特别要吃到肚子里的膳食纤维。

卓婷:那么大家可以看到以前的机器榨出来它会稍微有一点点的残留,这就是以前的机器会稍微有一点点的留住对不对? 今天我们有全新的技术。

杨楠:哎,好可惜哦,好可惜哦。

卓婷:我们先把它关住。你看啊,这些草莓的果酱包括它的膳食纤维都被它吐出来了,可不可惜? 它是普通的机器,它是不能够操作,不能够关掉的,现在咱们这个阀门关掉以后,它就停下来了,就不再往外吐了,而且啊这边啊,来,咱把果汁打开,我们可以看到这个果汁有多么的浓稠,颜色更深、更浓。而且可以发现，这就是全营养的保留，这已经不单单是果汁了，里面还有丝丝粒粒的果纤维，还有果胶，还有果粒，对不对？所以这才是真正的像奶昔一样的，黏稠状的一个果昔。

杨楠：对，所以大家今天除了可以这样单一地品尝它之外，再教大家一个营养可以再次升级的方法，淋到酸奶或者冰激凌上，也可以做水果奶昔。这个时候放暑假了，小朋友在家里，你让他吃那么多人造的色素糖精饮料呢，还是说让他喝天然的果汁、酸奶昔呢？这样的一杯放在他的面前，他一定会超爱哦！

卓婷：而且呢，你会发现啊，在今天，我是没有任何的添加，所以很多人说这是熟悉的惠人，但又是陌生的味道，因为它可以做到全营养的保留，膳食纤维全部锁住在里面。

杨楠：而且你看我在杯壁上刮一下，里面的丝丝缕缕全部在里边儿，但是老一代的榨汁机就可能会把这些丝丝缕缕的东西全吐出来，都帮你当成渣滓、都给你浪费掉了。

卓婷：但是这一款它是最新的一款技术，也是惠人最高端的一个技术，营养也是吸收得更加多，但是它到底升级在哪里？那么我们就把这个原理告诉大家，因为它是最慢的旋转，并且只有它有调味阀这样的一个设计，所以你可以看到，我即使放了很多的胡萝卜丁或者是很多水，但这个出水口这边，是做到了零的浪费、零的残渣，这就是惠人唯一一台可以做到全营养保留的机型。

杨楠：你如果想保留，一滴都不出来，或者如果你想有果皮或者果核想吐出来的时候，你就可以把阀门打开啊，可以把垃圾给它排出去，可以把垃圾给它吐出去。可以来试一下这个葡萄啊，那我们都知道啊，这个葡萄是既有葡萄籽，又有葡萄皮，但是如果你单独去吃的话，你就可能会把里面的一些营养元素都扔了，那么今天呢，我们就要来挤压葡萄皮和葡萄籽里的花青素等各种营养元素，我们给惠人吃，咬不动的话那它就会吐出来，我们把阀门打开；如果说你要皮肤好，抗老化，你就要把阀门关掉，一点儿都不浪费。

卓婷:对,等量的葡萄,不同的两台机器,那么我们的惠人尊贵金呢大家可以看到,它非常安静,那么它也是用它最慢的 43 转呢帮我们挤压葡萄籽里的花青素的营养成分,你会发现,慢速挤压的这边的颜色会非常深和浓郁。

杨楠:所以这样的一台榨汁机啊,它和以往的榨汁机呢都是不同的,它是原汁。什么是原汁? 原色原浆原口味原营养,一点儿都不浪费,而且这个也是惠人旗下目前技术最先进、最高端,而且市面上不是说每一个门店都有的,如果说偶尔有一家旗舰店有的话,它也是 6 800。所以你看这个果汁啊,它和葡萄原来的颜色几乎就是完全一样的。

卓婷:对,这就是百分之百的固态和液态的过程。

杨楠:而且没有高温氧化、高温破坏。大家也可以发现,我渣滓是少到几乎没有掉出来的,而且如果是我自己扣得话,那也就是这么一点点,因为这些东西呢,是人体没有办法代谢的垃圾,它会帮你排出来。那么我们就可以看到了,刚才我们拿的那一碗葡萄皮和这个对比起来真的是浪费了特别多,而它所有的营养素呢也是全部都帮你浸到这个果汁里去了,那么喝到嘴里呢,嘴巴里面也是觉得丝丝缕缕的、黏黏稠稠的,那么这些呢其实全部都是果酱,都是膳食纤维。

(三)用辅助手段呈现

在节目中购物专家除了用语言来呈现外,其他辅助手段也是必不可少的。辅助手段运用得巧妙,有时会起到事半功倍的效果。

来看一段案例,商品是 WOLL 的蓝宝石锅,为了展示商品的性能,购物专家用了哪几种辅助手段?

购物专家:是,大家一起来见证一下,用我们 WOLL 的蓝宝石锅有什么好的效果,大家看一下。首先大家看一下,我在高温空烧,这么大的火焰而且这么硬的石头在锅里面烧,并且大家看一下这个锅的热度已经达到 360 度,哇,太高了! 如果一般的涂层锅早就涂层开裂了。

美食达人:而且如果是普通的锅的话,现在一定已经有大量的烟开始冒了。

购物专家:是的,没错的,而且你看我们这么掂,里面都是石头,它还是没问题的。

美食达人:就这样直接就把鲜虾放下去啦。

购物专家:对的,就这样做一个桑拿虾。非常简单,考验一下我们的这个 WOLL 锅的抗干烧、耐高温的效果。

美食达人:我真的是有点惊讶了,因为平时啊,我采访了那么多的饭店厨房,我没有看人说就这样子,两三秒钟就可以了。是的,就这个样子,两三秒钟的时间,这个虾就轻轻松松地完成了。大家看一下。

购物专家:是为什么? 因为它受热均匀,它快速,而且它更加抗耐磨、耐刮花,你看像石头这么坚硬的食物,没有问题。

美食达人:那你能再来个冰火两重天的考验吗?

购物专家:当然可以,我们直接就用冰块来清洗,像一般的涂层锅它是绝对不敢这样的。

美食达人:普通的锅它是不能这样急冷急热的,它是做不到的。

购物专家:是的,没错,但是我们今天的这个真的没关系。杨吕你用过其他品牌的一些不粘锅涂层锅吗?

美食达人:我用过,我平时在家里面特别喜欢烹饪嘛。像普通的涂层锅,你放上去,放一点油,像我做一个蛋炒饭,温度很高,我放下去了,锅铲一铲,它就两条痕。

购物专家:是的,因为它是在表面刷了一层涂层,但是我们是高温浇铸的蓝宝石,所以它不管是冷热,哪怕是炒石头都没有问题。它够坚硬,蓝宝石的坚硬绝对是可以的。我们再看一下这边,上海人最喜欢吃的菜饭。但是我们今天不仅仅是菜饭,你看一下。

美食达人:哇,还有锅巴。

购物专家:是的,你说这个饭做得赞不赞?

美食达人：我跟你说，这个饭做得太赞了。

购物专家：为什么？

美食达人：因为我平时去吃的菜饭也好，锅巴也好，它只能做到这个锅的最底部一层是有锅巴的，它的锅壁是不可能有锅巴的。就是因为普通的锅，它的受热不可能做到这么均匀。对不对？但是这个锅呢，它的底部还有它的侧面温度都差不多，才会有这样的锅巴。

购物专家：是的，范围更大，也就更香、更脆了，对不对？而且在家里这样高难度的菜肴它就可以直接做成了。很方便。

美食达人：我吃一下啊。

购物专家：我在这边都听到你嚼的那个咔呲咔呲脆的声音了。

美食达人：锅巴其实是不能有那种焦煳感的，它只是要那种脆和香的感觉，咱们这个完全做到了。太神奇了！

购物专家：是的，太神奇了！您直接拿回去用，15天内你要是做不出这个饭了，冒烟了、冒油了您直接拿过来无理由一分钱不收您给您退了。哪怕是锅用坏了，也给您退了。那我们今天是拿出了它销售的冠军和亚军的产品，以前在东方购物单买一口锅是多少钱？

美食达人：一个中式的炒锅就是 1 699 元，就一口锅，也没有其他的赠品。

购物专家：是的，两口锅加在一起，在东方购物已经是四五千了。但在东方购物，今天作为他们一周年 3 000 万的突破，我们拿出了他们旗下最王牌的两大产品。拿出了法国原装进口的弓箭的透明锅，拿出了他们的硅胶铲，所以今天力度真的是很大了。而且我们的备货已经不多了，卖完就没了，所以大家今天一定要抢了。

在本档节目中，购物专家为了展示商品的优越品质，分四个步骤来展示：

| 第一部分
炒锅：红烧排骨
煎锅：铁板豆腐
汤锅：老母鸡汤 | 第二部分
炒锅：酱爆鱿鱼
煎锅：煎带鱼
汤锅：海鲜粥 | 第三部分
炒锅：油焖大虾
煎锅：牛肉锅贴
汤锅：红枣银耳汤 | → | 第四部分
炒锅：红烧排骨
煎锅：煎带鱼
汤锅：红枣银耳汤 |

高温烘烤、冰块清洗的环节可以直观展示不粘锅的材质优越，可以经受冰火两重天，无油烟，涂层不开裂。同时烹饪的环节也展示了由在售锅具所做出的饭菜——香甜可口，让人看了很想拥有这样的一口锅。

三、电视购物节目把控能力训练

（一）延长/缩短节目时长

一档节目的时长是相对固定的，但也不排除需要延长或缩短节目时长的特殊情况。在东方购物的一档直播节目中，当天销售的锅具组合非常受欢迎，于是节目组临时决定加卖30分钟，几乎多出了一档节目的时间。购物专家急中生智，迅速整合了一套新的话术和对比试验。当天的锅具组合包含一口炒锅、一口煎锅和一口汤锅。原本的节目安排三个部分的对比试验，购物专家把每一个部分抽出一个试验，凑成了第四部分的对比试验。

在训练的时候，我们可以尝试把一段简单的商品信息分别扩展成5分钟、8分钟、10分钟的推荐。

商品信息：THE FACE SHOP菲诗小铺香水洗护发/沐浴露套组，套装价格288元，包含6瓶洗发水、2瓶护发素，都是400毫升的容量，以及2瓶500毫升的沐浴露。香味：前调葡萄柚、中调香橙花、后调白麝香。示例如下：

观众朋友们，当您兜里揣着288元去超市扫货的时候，200多块钱是不是买的都是一些大众化的品牌，而我们今天288元带到的是整整10瓶的来自菲诗小铺的组合。我们的组合里包含8瓶洗发护发的产品，首先是我们梦中邂逅系列的3瓶洗发水+1瓶护发素，然后是初恋甜心的3瓶洗发水+1瓶护发素，等于是6瓶洗发水和2瓶护发素，每瓶都是400毫升的大容量。

有洗发护发的,还有沐浴的。同样也是两个系列的 500 毫升的沐浴露,大瓶装的,带给您。整整 10 瓶,划下来,每瓶只要 28.8。

那我要说,这个价格买到的不是普通的味道,不是大家都在用的普通洗发水的味道。我们今天的洗发水全部是全球知名调香师来调的,电视机前的很多女性朋友都会用香水,香水的香味都是分为前调、中调和后调的。那大家发现了吗?其实我们今天的不管是洗发水还是沐浴乳,也都分了前调、中调和后调,是高档香水才有的哦。这瓶洗发水为什么那么多人喜欢?因为它和香奈儿的调香师是同一个人,香水卖 700 多,大家可以和我们的洗发水对比一下,前调都是葡萄柚,中调是香橙花,后调是白麝香。所以你不用花 700 多买设计师调出来的香水,您只要花 28.8 就可以拥有我们今天这瓶洗发水。

现场为大家挤出来,浓稠度很高,它里面的荷荷巴油和护发成分一应俱全的同时,还有这样迷人的味道,(购物专家闻味道)哇,真的特别香!这个香味区别于超市里洗发水的那种劣质香精味,是一种很高级的清香,层次还特别丰富。

由于节目的特殊需要,或者之前的节奏过慢,后面的时长被压缩,要求购物专家在短时间内结束推荐。请尝试把下面的话压缩在 2 分钟以内,且要包含主要卖点。

我们来分享第二件衣服,这个宝蓝色我觉得也很美哎。今天我们的外模也有穿一件,那这一件它的特点在哪里?同样也是个圆领对不对,非常舒服,东方人很适合这样的圆领的。还有,这样的袖口会比一般的袖口略宽一些,所以如果妈妈的胳膊稍微粗一点点,没有关系的,我就最喜欢这种有点蝙蝠袖的感觉。我们再往下看,它有一个中低腰的腰带,可以根据你自己的需求,把它往上调,你的腰线可以自己控制。看到没有,我觉得直接单穿出去都没有问题,配一个裤装都很漂亮,直接拉下来成一条休闲的小裙子,甚至连口袋都有了。

再来看这一件,粉红色,也是一件大圆领,圆领的设计,然后呢有点泡泡袖的感觉。再来看到旁边，也是为您做到无穷大的弹性哦，所以哪怕我们想穿得宽松，或者您稍微丰润一点也没问题。而且今天所有Ｔ恤都是Ａ字形，Ａ字形很好，Ａ字形第一个显瘦，再一个你穿起来就会觉得宽松度很够，所以像在上网的时候盘着腿啊，运动啊，没有关系，都可以。

再来看到的就是我们萱萱穿的这件啦，给大家展示一下吧。这件是白底，加上一点点这个蓝色的桃心哦，你自己搭配一点配饰，你看，穿起来的感觉，就像你自己去买的时装一样，而且这种白底黑花的感觉，你会显得好神秘、好性感哦。

亲爱的朋友们，除了萱萱今天身上穿的这件之外，我们还有一件条纹款也是直接在展示当中。这件也是支持率很高的，我本来是想穿它上节目的，但是时间有限，真的是来不及！今年很流行条纹，非常经典，在韩国真的是卖疯了，网上卖的也非常棒，包括今天我来上节目之前，就穿的这样类似的衣服，还花了180多块钱，今天这相当于在我们商品当中直接来送了！真的是太神奇了，依然为您做到条纹的设计，而且这个还有一点特别的，您看到，它是一个小七分袖，有时候在空调房里我会觉得我需要穿个七分袖，也没有问题，看到没有，很棒是不是？好，再来看到依然是Ａ字裙的裙摆，依然是高弹性，绝对穿出来会很有范儿，有的时候会非常有型。在今天，萱萱非常感谢您来到节目当中哦，五件常规的商品之外，我现在免费加赠到的就是这样无袖的家居服，而且它是开衫哦，它是开衫有没有看到朋友们，它可以搭配Ｔ恤、配吊带都没有问题，直接外穿更佳，没有任何的问题！有两种颜色，您自己来随机进行搭配，所以说真的是非常非常省钱。

（二）直播时的突发状况

购物专家在直播时，会遇到各种各样的突发事件和临场考验。要保证直播的顺利进行，就要求购物专家有迅速反应、沉着应对的能力。在销售一款泡腾片的时候，原本安排的是用冷水做试验。工作人员错把一杯开水拿上去了，结果购物专家没有注意到，把一杯水一饮而尽，烫得眼泪都要出来了。在被烫得一嘴泡的情况下，却还要镇定自若地把该说的话说完，不影响播出。

类似的情况还有很多，在用汤锅炖一份老鸭汤的时候，工作人员错把糖当成盐放了进去，因此成了一锅甜腻的鸭汤。购物专家在直播的时候尝了一口，当时胃里翻江倒海，差点没吐出来。但为了节目的效果，购物专家还要表现出滋味特别鲜美的感觉，一边喝一边赞美汤锅炖起食材来特别入味。

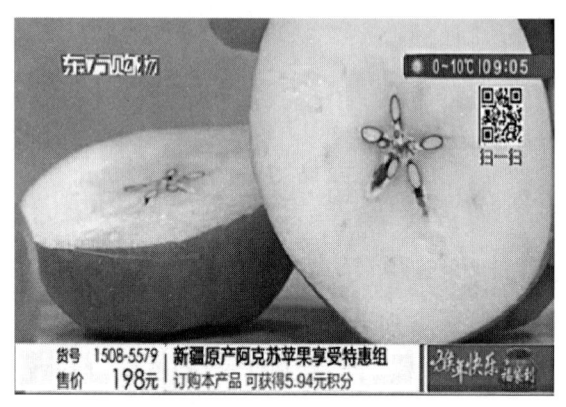

图 3-1　正在销售的阿克苏苹果

为了应对突发状况，购物专家有时不得不准备两套说辞，以备不时之需。新疆阿克苏苹果水分多、糖分高，吃起来口感特别好。阿克苏苹果因为糖分在果核附近堆积，所以看起来像是有蜂蜜状的结晶体，又称作"冰糖心"（如图 3-1）。但就算是纯种的阿克苏苹果，也存在部分没有"冰糖心"的情况。购物专家在直播时如果能切到"冰糖心"肯定最好，但也要做好切不到的准备。如果了解了"冰糖心"的形成原理就会知道，新疆地区昼夜温差接近30℃，白天糖分由果核向四周散发，晚上又凝结下来，久而久之，就形成了这种透明的结晶体。当苹果的存放温度较高的时候，冰糖心就会消失不见。了解了这个原理，购物专家这么说：

如果您在家里切开我们的苹果以后没有看到"冰糖心"，那我反而要恭喜您了，因为它的糖分都融化在苹果里了。新疆的温差特别大，所以才会在苹果里形成这样一个"冰糖心"，运到上海之后，这边的温度比较高，家里的温度就更高，所以"冰糖心"会融化在里面。但是可以保证的是，咱们这是地地道道的阿克苏苹果，味道依旧非常甜。

（三）临时调整卖点

购物专家有时会根据节目的需要临时调整商品的主要卖点。在一档染发剂的直播中,商品的主打卖点是材质的纯天然,次卖点是使用便捷。但是前十分钟的销售效果并不好,在第二个十分钟里,购物专家决定把"使用便捷"作为主打的卖点,把"材质的纯天然"放到次卖点里。

告诉大家,今天我们的产品拿回家染头发有多方便。先把头发打湿,用洗发水洗洗干净。然后打开我们的产品,里面有 1 剂和 2 剂。我们把它挤出来,大家看到没有,啫喱状的哦。好,我们按照1∶1的比例,把它搓匀,大家会发现在搓匀的过程中没有滴落的现象,没有刺鼻的味道。好,现在我们马上把它染到头发上去,麻烦主持人帮我计个时。我这边就开始揉搓了,这个真的很方便,以前我记得爸爸在染头发的时候,一定让我在旁边帮忙。给他旧外套穿好,椅子下面报纸铺好,就是因为以前的染发剂滴滴答答的,一塌糊涂。而我们今天的产品大家看,你怎么用洗头膏就怎么染发。在我揉搓的过程当中,白发已经慢慢变黑了,而且没有一点点刺鼻的味道。因为我们里面用的材料都是草本的,有红参、鱿鱼墨汁,都是天然的成分,它是不会打开你的毛鳞片的,可以帮助大家在更方便的情况下把头发变黑。

四、现场互动训练

购物专家和搭档在互动时的常见问题有几种:

一是,双方在推荐商品时逻辑顺序不一致;

二是,双方不能在语言上互相"抛"与"接";

三是,双方情绪不能保持一致,无法互相感染。

下面两段案例,分析一下造成问题的原因是什么。

案例一：

购物专家：各位亲爱的观众朋友们大家好，欢迎收看今天的直播。结婚是每个人一生最重要的事情，所以在结婚的时候每一样东西我们一定要挑最好的。像什么脸盆啊、紫金对碗、剪刀啊都是一定要的，所以今天呢我们在节目当中给大家带来的是XX品牌的婚庆大礼包，让大家每一样细节都做足做好喽。那么今天为了向大家更好地推荐这婚庆大礼包呢，还把我们熟悉的王老师请到了现场。你好。

厂商代表：大家好，今天我到这里来真的是觉得喜气洋洋、富丽堂皇，觉得非常开心。（厂商代表打招呼时应该顺带把商品引出来）

购物专家：这个剪刀我觉得特别好看。对了，刚才说这个剪刀是什么牌子的？（购物专家引出商品品牌）

厂商代表：是我们的老字号王大龙品牌的。（对品牌的介绍太简单，不能让人有眼前一亮的感觉）

购物专家：我们可以看到这把剪刀的腰身都有龙的图案，这剪刀就有龙凤呈祥、早生贵子之意，这是我们的传统，是一个非常喜庆的寓意。今天我们这套婚庆大礼包还送大家两双筷子和两把勺子，为了结婚圆圆满满有个好彩头。除了这把剪刀外我们还有这对紫金对碗，我觉得太好看了，这对子孙碗看着就觉得福气满满。

厂商代表：不说别的单看这做工就非同一般。（不会接话，不会展开话题）

购物专家：看这碗壁的雕花就知道是上乘的工艺，而子孙碗也是为了喝甜汤。总之，这样的碗配上幸福甜汤可谓是甜到长久。这还没完，我们还有，就是我们的黄铜脸盆。（抛出新的商品）

厂商代表：婚礼这天什么都不可以少，真的是缺一不可，因为我们的福气不可少。（没有接住黄铜脸盆的话题。）

购物专家：黄铜脸盆为什么说它是不可或缺的呢，就是因为这黄铜脸盆的寓意是聚宝盆，谁不想家里以后福气满仓，一辈子顺风顺水呢？我们来看看这脸盆。哎哟,这还反光呢,金灿灿的,看着就是个聚宝盆。

案例二:

厂商代表:红色,在中国人心目中是个很重要的颜色,而且有句话叫"无镯不成婚",可以体会出手镯在中国人心目中是圆满的意思。

购物专家:对。

厂商代表:我手上这张照片是前段时间在湖北神农架拍摄的,神农架是目前唯一发现有鸡血梅花玉的地方。

购物专家:对。

厂商代表:这就是为什么鸡血梅花玉这么贵,因为它产地很少。湖北神农架是个非常美的风景区。

购物专家:对。

厂商代表:海拔也很高,这么美的地方不仅孕育了鸡血梅花玉,还孕育了和氏璧。

购物专家:对。

厂商代表:《芈月传》刚刚热播,很多人对和氏璧可以换15个城池留下了深刻的印象,那么和氏璧就出在湖北神农架,同样,鸡血梅花玉也是出在湖北神农架。很多人问湖北神农架为什么会孕育出这么神奇的玉种?告诉大家,其实道理很简单。大家知道,昆仑山也有几亿年的历史了。

购物专家:对。

厂商代表:鸡血梅花玉是2014年才被发现的,一经发现,各大媒体争相报道。这是形成年代非常久远的玉石,距今10亿至13亿年间。因为火山喷发,形成了美丽的玉石。

购物专家:对。

……

在这段案例中,购物专家从始至终只会说一个字"对",所有的信息都交给厂商代表去交代。固然厂商代表对商品比较熟悉,但购物专家的引导与配合也是不可或缺的。

购物专家和嘉宾的成功配合包含三方面的因素:逻辑、语言、情绪。下面这个案例是比较成功的。

购物专家1(以下简称"购1"):欢迎您继续收看东方购物的直播节目,我是主持人徐明。

购物专家2(以下简称"购2"):大家好,我是赵静。

购1:今天在这个时间段呢,给大家带来的是非常著名的绿地集团的一个非常棒的项目。

购2:是的,我想先问徐明一个问题。如果你现在要去三亚投资一处房产的话,大概价格在怎样一个区间范围?

购1:大概一平方米一万元左右。

购2:那我要告诉你,现在三亚那边的旅游房产的均价已经在两万元左右了。那如果说你要紧邻湖景、紧邻山景的话,那价格已经在三万元左右了。

购1:要的,因为我前一段时间还真关注了三亚的房产。

购2:是的。

购1:就是在三亚湾那个地方,再加上很漂亮的房子。一问,设计师来头太大了,好贵哦。买不起的。

购2:是的,所以说,如果您的手头正好有20多万的闲置的这个投资房产的资金的话,就可以买到我们这边的这么漂亮的、我国著名的国际大师所设计的绿地太平湖的房产了。

第一部分是两位购物专家的配合,比较巧妙的是,两位并没有直接说当天的商品是什么,而是卖了个关子,从投资购房的市场行情入手,在比较完三亚的旅游房产后,引出了当天的商品。两位购物专家一问一答,配合得非常默契。

购2:所以今天呢,为了向您更好地推荐那么好的绿地房产呢,我们今天也是请到了来自我们绿地集团的毛总一块来介绍。毛总先来跟我们打声招呼。

厂商代表（以下简称"厂"）：各位好，观众朋友好。

购1：既然毛总来了，那我们就直接聊起来啊。那今天我们的主要任务呢，就是跟我们的会员朋友介绍我们的项目到底有什么优势。

购2：首先我们来给大家看看这块绿地太平湖的交通地理环境。

购1：好的。

购2：它到底有什么地理优势呢？

厂：我们这个项目可以讲，地理位置非常优秀。应该讲，是为了我们上海和长三角的客户度假定制的。简而言之就是说这个项目位于中国特别出名的两座山，一座是九华山，一座是黄山。距离两座山的话，我们的直线距离也是小于30公里。那距离合肥的话，也只有200公里。距离南京200公里多一点，距离上海有350公里。非常棒。

购1：这个长三角的环境，400公里左右。

购2：那也就是说，上海到我们绿地太平湖开车只需要4个小时就可以到达了。那我知道周边还有很多辅助的设施，例如高速公路、机场对不对？那毛总您给大家来说一说。

厂：应该来讲这个周边的设施是非常完善的。机场，有华山机场，只有45分钟的路程，而且有高速公路，出行非常方便。同时的话还有三条高铁，第一条2014年建成的从北京到福州。

购2：是的，在交通方面来说我们的交通还是非常便捷的。那之前毛总跟我们讲了一个非常好的例子，如果您是坐飞机到绿地太平湖，那早上7点您在虹桥机场的话，9点您已经在我们的绿地太平湖了是吧？

厂：完全没有问题。

购1：很快速啊！

购2：那在交通方面大家是不需要有任何介怀的，非常非常方便。那回到我们的现场，我们就是要给大家展示一下我们这么美的绿地太平湖的样子了。

购1:那这个就是您所见和所得的样子。您不论是一期还是二期都是可以完全看见湖的。

购2:首先是它的价格非常划算,那您今天可以花到最低,也就是23万元起,买到来自我们绿地太平湖的这个房产。

厂:那我们的一期也是推开就可以看到山,一线湖景,非常近。

购1:这个一期的设计我觉得也是好有感觉。是哪位大师设计的?

厂:是马岩松,我们讲马岩松是我们中国最杰出的设计师。他在凤凰岛三亚那边,已经卖到8万元了。

购1:就这么说,毛总,之前我们在三亚那儿,看到了马岩松大师设计的,太贵了,真的是太贵了。

购2:对啊,而且真的是大师设计的。

购1:也就是说,作为一个投资,以后的走向都很好。

购2:那现在大家看到的这个样子,完全都是我们马岩松大师设计的,对不对?而且我发现,四周的环境也是特别广阔、特别清新。毛总给大家介绍一下四周的环境好不好?

厂:那太平湖像青岛湖一样,也是一个人工的巨大的湖景。那么整个这个太平湖呢,水质特别好、特别漂亮。也曾经有人评价,我们的太平湖是东方日内瓦。

购2:那我们发现,这个周围的水质都是一级的水质是不是?那在我们湖的中央是可以达到直饮水的指标的,对不对?而且不是说离你的小区非常远,需要开车才能看见湖景,就是在您家小区的楼下,就可以看见这么美的景色了。那可以说今天我们这个小区在各个方面都是很不错的。

购1:那今天我们还是要聊一下我们方案的这个价格的问题了。我们今天是有这个一期和二期。以二期为例,最优惠的价格是从23万到40万。

厂:我再补充一句,是精装修。

购2:我了解到它所有的房型都是全湖景、全山景,没有任何的死角。

购1:而且我们一期这个山景的设计,每一户都是全玻璃。所以说所有的光线都特别好。那我们的导播也去现场看了一下,那下面就随着我们导播的镜头去看一下。

(播放小片)

购2:刚才您看到的就是我们的绿地太平湖的完整样子了,如果您在繁忙的工作结束后想休息一下,不妨考虑一下我们绿地太平湖的这个项目——在喧嚣中找寻一片净土。

购1:那我们的电话是×××-×××-××××。

从地理位置、交通、设计三方面分析了房子的优势,三位搭档各有分工,购物专家1负责整体串联,购物专家2帮助阐释卖点,厂商代表从厂家角度解释商品信息,逻辑清晰,语言衔接到位,情绪互为感染,值得借鉴。

第二节　购物专家综合素养训练

一、与电视购物观众的沟通技巧

(一)如何打动消费者

1.照顾观众的"面子"

观众希望购买和使用某种产品,为自己带来一种满足感和成就感,让自己很有"面子"。例如在中国,端着一杯星巴克走在街头可能会被看作是白领精英,而普通白领也愿意花几个月的薪水来买一个名牌包,证明自己的经济实力和富裕阶层相当。

在购物节目中,购物专家会不断强调自己推荐的衣服是当下最潮流的选择,是时尚的象征,让观众觉得购买了这件商品自己就是和时尚群体紧密相连的人;或者某件家电曾经风靡全球,是全世界主妇的共同选择,让观众相信自己购买该产品是聪明之举。

运用明星来宣传产品,利用消费者对名人的崇拜,也不失为一个好方法。某服装品牌在销售服装时,邀请了台湾的一对明星夫妇来到演播间试穿,并和观众分享穿衣体验。明星夫妇在镜头前和观众交流消费经验,夸奖产品穿着舒适且款式时髦,是明智之选。观众无意中会认为自己选择了这件商品,会成为和明星夫妇一样具有独到眼光的人。因为宣传方式得当,该产品迅速销售一空。

2.用观众熟悉的沟通方式来交流

不同阶层的消费者倾向不同的沟通和交流方式。就购物节目而言,一档产品并不只针对某一阶层的消费者,因此,购物专家在介绍产品时,应注意不同沟通方式的灵活运用与转换。

例如某窗帘销售现场——

购物专家:现在您看到的就是我们意萨立德一幅窗帘的展示了。大家来看一下我们整个客厅的感觉。一般来说,您在选择窗帘的时候,外面的花形漂亮,很优雅、很棒,当您拉开的时候,如果要显得有档次,需要再加上这一层纱。可以看到我们两层纱加上以后,再把整个窗帘一铺,是不是整个家庭的温馨感、档次感立刻就提升了呢?

厂商代表:意萨立德是非常讲究时尚和格调的窗帘品牌。大家来看我们今天这款窗帘是双面提花的,请大家看一下,我们正反两面都是提花。而且这款窗帘还有一个特点就是遮光。(拿出手电筒在窗帘后照)大家看,隐隐约约,基本看不到光。我们的遮光率达到92%以上。大家会问,真的可以达到92%吗?来看一下,国家日用消费品质量监督检验中心上海纤维检验所给出的检验报告,我们这款窗帘的遮光率是90%—92%哦,这已经很厉害了。

在这段表述中,购物专家使用的大多是精细代码,如漂亮、优雅、档次、温馨感等,更多的是用一些抽象的词让观众想象获得产品后的美好感受;而厂方代表使用的多是有限代码,如提花、遮光、92%等一些具体的功能和数据,让观众进一步了解窗帘的材料和基本功能。两种代码的交替使用,可以更多地迎合不同阶层的受众。

3.用商品来构建生活方式

购物专家的一个重要职责就是让商品来构建生活方式,让顾客来体会拥有产品后会获得怎样的生活。如介绍一款陶瓷茶具时,购物专家率先抛出一段话:

中国的茶文化已经有 5 000 年的历史了,"客来敬茶"是最基本的礼仪。而现在当你已经住上了大房子,当你已经有了几十万的装修,我想问一下各位,您的家中有配得上主人身份、档次的特别漂亮的茶盘吗?

购物专家的这段开场白,体现了对于目标消费者的精准定位;同时也暗示了,当主人坐在宽敞明亮的房子里,用这样一款茶具接待亲朋好友,是一件既有脸面又很雅致的事情。接下来,购物专家并没有介绍茶具,反而谈起了茶文化:

作为一个中国人,我们华夏民族最不可或缺的,也是我们骨子里印迹最浓重的一种文化,就是茶文化。在早些年,我们去一些成功人士家里,比较流行的是喝杯咖啡啊,非常西化的那些东西。但是这两年变化了,不要说在中国,就是到了欧洲,你也会发现越来越多的地方,开始流行喝"东方树叶",就是喝茶了。中国文化里,传承最悠久的就是茶文化了。过去两条路,一条丝绸之路,一条是茶马古道,茶其实承载着东方世界的文明,是影响全世界的载体之一。

在这段陈述中,购物专家把"喝茶"这件事描述成了有悠久历史、有格调、时髦的一件事。撇开产品不谈,转而说文化本身,是欲擒故纵的一种方式。但是谈文化不好谈,谈深了有卖弄的嫌疑,谈浅了又不能打动人,确实需要把握好其中的度。这段陈述中,购物专家若能从"茶"的品格联系到"人"的品格,从"茶"的哲学联系到中国人为人处世的哲学,让观众觉得喝茶就能成为这样有东方魅力的人,就更好了。

(二)如何打动中老年人

1.追求商品的性价比

中老年人有一定社会阅历的积累,因此消费时会比年轻人更为精明。对于中老年人来说,便宜并不是最终的追求,性价比才是首要考虑的标准。

一床被子卖近千元并不便宜,但购物专家详细解释了这床鸭绒被的质地:

被子的填充物是欧洲进口纯种白鸭的鸭绒,(购物专家剪开了被子)哇,被子一剪开大家都会觉得很不一样,是大朵大朵的鸭绒。白鸭的鸭绒最大的特点就是绒朵大、蓬松度高,做出来的被子弹性好,保暖性能非常棒。什么叫作好的鸭绒?就是绒的含量高,要达到90%。

2.想要补偿自己

中老年人在年轻时受经济条件所限,要赡养老人、抚育子女,不能在物质上完全满足自己。子女成家立业后,他们的经济负担减轻了,会产生强烈的补偿心理,试图补偿过去因条件限制而未能实现的心愿。某品牌翡翠戒指的销售现场:

您十年前也许就非常想买这样一款翡翠戒指,但是那时您没有买;今天这款戒指,它的这个绿色,就是十年前我们最喜爱的那个颜色,就是当时没有下决心把它买下的那个绿色。

某钻石项链的销售现场,购物专家说:

阿姨、妈妈您结婚的时候也许还没有条件买一条这样闪闪发光的钻石项链,等到有了子女,又要整日为孩子操劳。辛辛苦苦一辈子,为了父母、为了老公、为了孩子,就是没有好好爱惜过自己。现在孩子大了,是时候好好犒劳一下自己,圆自己年轻时候的一个梦想了,拥有这样一条钻石项链,就是拥有了最好的人生。

3.想要回报他人

中老年人往往希望对世界有所回报,尤其是对家人和朋友。他们在消费时往往会希望能为子女带来好处。或者换个说法,他们觉得大把花钱也是为了家人。

电视购物在韩国非常流行,很多热播的韩剧里都可以看到主人公通过电视购物购买商品。韩剧《城市猎人》中,主角李润成的大叔裴食重是个电视购物痴迷者,因为疯狂在电视上购买各种商品,被李润成冻结了信用卡。李润成和裴食重回家后开始争吵。

裴食重(以下简称裴):卡为什么都停掉?

李润成(以下简称李):所以说我不是让您少划卡吗? 让我把您每张卡的电视购物清单都朗诵一遍吗?

裴:都说不是给我买的了,是给娜娜(李的女友)买的。

李:不要拿娜娜当借口。最近拿到医院的食物,我看也都是电视购物的,对吧?

……

裴:(自言自语)我又不是为了我自己。我这还不都是为了你和娜娜。我自己划卡能划多少?

……

李:可是我的电话成天因为刷卡响个不停,想过我受了多大压力吗?

裴:我又不是为了自己过好日子,我还不是为了让你吃好的、穿好的。

李:知道了,我错了,我让你刷卡还不行吗?

这段情节略带喜剧色彩,却真实地反映了中老年人在消费时的回报心理。他们认为自己购买商品是为别人谋方便,并不是为自己。

某空气净化器的销售现场,购物专家说:

这台空气净化器可以迅速降低空气里 PM2.5 的浓度,如果您家里有小孩和宠物,您一定特别关注家里每个成员的健康,家里的空气应该是清新洁净的。今天带给大家的是有四重过滤功能的空气净化器,它可以过滤孩子和宠物玩时粘在身上的宠物的毛毛和异味,特别适合您的家庭。

这段解说还特别考虑到了中老年人对孙辈的"隔代亲"的心理,具有很好的营销效果。

(三)如何打动女人

1.用赞美打动女性

女性的思维偏感性,具有较强的自尊心;爱听赞美,容易被"糖衣炮弹"打动。购物专家在节目中能够适当赞美女性,可以取得意想不到的效果,比如"这件衣服可以衬托您的高贵气质"或者"这款首饰只为那些品位独特的女士准备""家庭的温馨靠的是主妇的智慧"。购物专家除了赞美女性,还要学会体谅其难处,女性消费者很容易被打动。

惠人原汁机节目现场:

购物专家:各位新手妈妈都知道给宝宝做辅食真是太难了。蔬菜水果是每个孩子每天必须要吃的,可是他们吃不下对不对? 尤其对于刚刚断奶的孩子就更头疼了。家里如果给宝宝做个紫薯粥、南瓜粥,一定是姥姥姥爷或者爸爸妈妈在厨房待三四个小时。真的好辛苦啊! 又热又累还一身汗。有些新手爸妈还会专门去买辅食料理机,也要大几百块钱,今天我们的惠人可以一步到位。

厂商代表:大家看我们刚刚把粥放进去,现在可以放点紫薯。紫薯含有大量花青素,对宝宝的成长特别好,但宝宝乳牙都没有长好,怎么可能吃紫薯呢? 但是有了惠人,一切都变得很简单。

在这段节目中,购物专家体谅到家长给小宝宝做辅食之不易,特别突出了产品可以做辅食这一特别的功能,把新手爸妈或爷爷奶奶从厨房中解放出来。

2.用时尚吸引女性

女性对时尚的敏感度很高,即便是挑选汽车、电脑这样的商品时,也常常根据外观而不是性能来选择。购物专家在介绍商品时,一定要突出商品的时尚元素。

来看 Gucci 太阳眼镜的销售案例。

购物专家:今天我们这副 Gucci 太阳眼镜使用的是钛酯材质,镜片是渐变色,可以很好地防 UVA、UVB 的紫外线,保护您眼睛的同时也特别有质感。看上去非常漂亮,一看就是高档太阳眼镜。

厂商代表:再来给大家看一下眼镜的侧面,侧面是我们 Gucci 的经典 logo"双 G"造型。金色的 logo 非常醒目,让人远远就能看到。它的内侧还有一排小字:made in Italy。这个和你在欧洲、在美国、在专柜买到的,是一模一样的。

购物专家:那我们来佩戴给观众朋友看看。这款有黑色和琥珀色。这款黑色是很经典的。琥珀色也特别好看,同时侧面也会有双 G 的 logo。虽然我们的发型不同,但是戴起来都很有范儿,就是大牌的感觉。(购物专家此时戴上墨镜)这种气场一下子就彰显出来了。在这个季节,它可以防 UVA、UVB,除此以外,它还是每位女性很好的装饰品。其实我个人觉得,我的脸真的还挺大的,但是大家看,我戴上这个墨镜后,显得脸比较小。侧面来看,当你在行走的过程中,当你出国游玩的过程中,当你在逛街的过程中,都会觉得特别有气质。[购物专家通过(购物专家现场试戴,证明这款墨镜可以显脸小,有气质]

厂商代表:而且琥珀色是现在特别流行的一种颜色,随便配什么衣服都很好看。那我现在戴的就是经典款黑色。就我个人而言,我觉得我的脸有点宽,我不是 V 字脸,但是它这种蝴蝶造型的大眼镜,可以把我的整个脸型拉长,所以会显得很纤瘦。太阳眼镜不要太花哨,太花哨没有大牌范儿,只要这样一副简单的太阳眼镜,足以艳压群芳。(介绍墨镜的颜色是流行色,造型是"蝴蝶",可以让人显得"纤瘦",更加有"大牌范儿")

我现在是披着头发戴很好看,出去旅游的时候,我可以把墨镜推上去,就像一个头箍一样,也非常好看,而且一样可以看到我的金色 logo。我还可以把它摘下来挂在胸前,都是可以的,其实是很随意百搭的。只要有一款经典的太阳眼镜,任何场合都是压得住场的。(介绍墨镜的不同佩戴方式,既可以当头箍,也可以挂在胸前,凸显其时尚的特点)

3.用附赠品拉拢女性

女性虽然爱占便宜,却未必都认可便宜货。同等档次的商品,女性往往觉得价格高的那个品质会更好。在这种心理的支配下,如果再附赠其他商品,女性的倾向性会更明显。甚至有些精明的商家会把附赠品设计得比产品本身还要吸引人,让女性消费者为了赠品而购买商品。

某品牌洗衣粉节目现场:

购物专家:今天我们为大家准备了一份神秘大礼哦!

厂商代表:马上为大家揭晓是什么。

(厂商代表此时把旁边一个写着"神秘大礼"字样的大礼盒拆开)

购物专家:哇!一台洗衣机!

厂商代表:要送给大家的是一台洁王鸭鸭迷你洗衣机。它采用全铜的机芯,高级工程塑料,波轮式迷你洗衣机,洗涤容量达到三公斤,安全、耐用、超静音。今天当作免费的赠品送给大家。

购物专家:对,您现在要去市面上买一台类似的像我们这种三公斤容量的小洗衣机的话,价格最起码要四五百块钱。今天本档是加赠给大家了。这台小洗衣机特别适合现在的季节,大家都知道春夏的衣服要勤换,但每次都不多,一旦积攒下来,细菌就会成倍滋生,有了小洗衣机,每天洗衣不成问题。小孩子的衣服和大人的衣服要分开洗,如果用大洗衣机就会很麻烦,有了这台迷你洗衣机,全部搞定。内外衣裤要分开洗,深色衣服和浅色衣服要分开洗。还有会员朋友说袜子也要分开洗,袜子上细菌多,一个人的袜子一般就手搓搓,但是一家人的袜子怎么洗呢?这个时候只要有了小洗衣机,就可以一次性解决这些问题!而且又节能、又省水,还更干净、轻松。

(屏幕上打出"富培美水精灵,好享购物五周年庆生推荐,超值回馈,买水精灵送小洗衣机"的字样)

买洗衣粉送洗衣机,听起来有些不可思议,但这正是这档商品的最大卖点。因此购物专家和厂商代表花费了相当多的篇幅,不遗余力地给大家介绍这款洗衣机的性能和价格,看起来有些喧宾夺主,却正是卖家精明的地方。夏天的衣服必须要每天换,虽然只有很薄的几件,却要费水费电开大洗衣机。市面上也很难买到专门清洗小件衣服的迷你洗衣机,这档节目的洗衣粉虽不稀奇,但赠品迷你洗衣机却相当具有吸引力,这档节目也意料之中地获得了很好的销售效果。

二、赢得观众的信任

(一)闲聊间分享消费经验

购物专家要学会从朋友的角度,让观众在一种轻松的氛围里,接受商品推荐。朋友间看似轻松的闲聊,可以让买卖双方都放下戒备心理,用一种娱乐的态度来接收并接受信息。比如在推荐一款棉麻质地的服装时,购物专家说"我个人就非常喜欢棉麻质地的衣服,穿起来真的很舒服。"

比如某品牌钢琴节目现场,购物专家就以闲聊的口吻,和观众唠起了家常:

我跟大家来分享一个小故事。

我一个朋友最近来我家,告诉我:我买了一架钢琴,这个钢琴特别棒,它在市面开价是四万五,我托关系找人,最后两万七拿下的。

我就问他:琴弦是什么样的?弦锤是什么样的?构造怎么样啊?

对方回答：都是国内的。

我说：你吃亏了。

朋友买的钢琴的配置和等级都不如我们现在所看到的，键盖也没有缓降的功能。所以本档直播，我们给您一步到位，只要一万多就可以到手。

购物专家首先分享了自己身边的一个故事，因为是朋友的事情，所以可信度比较高。让观众觉得，这个价格买到这种品质的钢琴，是赚了。接着购物专家的这段话更说到父母们心坎里了：

还有很多不懂钢琴的父母，又急着给孩子买钢琴的，可能挑选钢琴的信息来源就是商场营业员。其实很多营业员自己不会弹钢琴，他的孩子也没有学钢琴，那么他在给您推荐的时候，无非是照着他的流程、照着他的卖点给您推荐，或者是他利润更大的钢琴给到您。作为家长啊，说句心里话，因为我也是有孩子的，最适合的是最好的，不一定最贵的就是最好的。不一定适合别人的，就一定适合自己的孩子。选择合适的，比选择更贵的，更加重要。

这个困惑可能是打算买琴的家庭都会面对的，相信不少学钢琴孩子的家长都会有类似的困惑。购物专家能够洞悉消费者的心理，以朋友的身份循循善诱，消费者很难不心动。购物专家之所以能够这么准确地把握受众的消费心理，是因为其对产品和目标消费群有深度的了解。

(二)适当地自我披露

随着朋友关系的建立，经过一段时间的闲聊，双方(主要指观众对购物专家)有了一定了解后，购物专家在对话的过程中可适当加入"自我披露"环节。自我披露的范围很广，一切自我的讯息都可以披露，且自我披露环节可以看作是一方愿意加深和巩固关系的诉求。但这种自我披露如果不恰当会适得其反，因此分寸的拿捏是购物专家需要注意的。

"正如一位 QVC 的女主持人，她之所以具有吸引力是因为她并非是实际年龄 25 岁所显示的外表,而是代表了 40 岁美国妇女的典型形象。当她描绘那些衣服时,她会说诸如此类的话:'如果您的臀部和我的一样大,那么最好还是买大一号的。'人们看着她会说:'她很好,她是真实的。'这促使观众和主持人的见面如同建立了一种仪式化的交往关系,并且是自愿的关系,如同朋友一般。"①

优秀的购物专家很会运用自己的缺点,比如在推荐一款太阳眼镜时,购物专家说:"其实我个人觉得,我的脸真的还挺大的,但是大家看,我戴上这个墨镜后,显得脸比较小。"其实对大多数人来,脸型都不会太完美,购物专家这么一说,消费者会觉得她很亲切,她和我一样,也有不完美的地方。

购物专家除了披露自己,还可以和厂商代表、模特配合,适当披露下自己的搭档。QVC 一档销售夏季女性吊带套装的节目,在选择模特的时候特别挑选了两位模特:其中一位是标准模特身材,还有一位长相普通、身材偏胖的女孩子。购物专家和厂商代表在讨论衣服的尺码会不会不适合胖人的时候,会特别问一下胖女孩的穿着感受。胖女孩表示虽然自己的臀部很大,但感觉非常舒服,完全不会紧绷。如图 3-2。

图 3-2 美国 QVC 某品牌服装销售现场

---

① 沈荟、黄清清:《建构媒体与受众之间的信任关系——美国电视购物频道 QVC 的人际传播策略》,《中国广播电视学刊》2009 年第 9 期。

在 QVC 另外一档销售家用充气按摩浴缸时,购物专家表示担心个子高的人能不能坐得很舒服。这时她会特意问一下正在使用这个按摩浴缸的一个高个子男孩,男孩表示以他的身高,坐在这个浴缸里完全没有问题,很享受。

(三)帮消费者精打细算

购物专家如果能帮助消费者精打细算、节省开支和争取最大利益,消费者自然会把他看作是自己人。好享购物频道的购物专家班爽在节目中一贯是强势能干的形象,她在节目中经常为难厂商代表、为观众索要低价或赠品,虽然是设计好的桥段,却让消费者视她为自己人。在一次销售某品牌BB 霜的节目中,例行的产品介绍之后,厂商代表报出了自己这次带来的优惠价格。班爽表示这个价格虽然很低,但是她有一次在看其他购物频道的节目时,发现他们给的价格更低。厂商代表大吃一惊,表示那个正好是周年庆特别节目,一般是给不了这个价格的。班爽当即翻脸,质问为什么不能给她的观众最大的优惠?节目看似陷入尴尬的局面,这时厂商代表赶紧打圆场,以平息班爽的怒气,同意把这次的价格也降到最低,并且额外加送赠品。

类似的桥段偶尔运用会让观众有得到便宜的心理,但如果使用过于频繁,也会有造假的嫌疑,让购物专家的可信度降低,因此要把握好分寸。在节目中,最常使用的还是帮助消费者合理规划消费行为。

在某品牌窗帘节目现场:

购物专家:其实我们以往在选择窗帘时都会有这样的烦恼,去装饰城时至少跑四五个摊位,有些人十几个摊位跑下来了,算价格、算配件,最后发现还有一些配件超出了预算。

厂商代表:是的,没错,我装修过两套房子,我大概去装饰城跑过十几次。我谈谈我的体会啊。你买的时候先选布,(此时购物专家拿出一个标有各项费用的纸牌来配合讲解)有 7 米的,有 8 米的。7 米布的价格是 1 080 元,8 米布的价格是 1 480 元,这个价格你觉得还可以,但是后面就不对了,因为你发现还要另外要买很多配件。你要加个纱帘，你会发现纱帘的价格要1 140元，已经超过了窗帘的价格。好，你要配轨道，你要配罗马杆，要配挂钩还要配绑绳、铅线铅块，这些加起来1 180元，还要加人工费480块钱。所有的辅料、配料、人工费(2 800块)，超过你原来的价格。其实整个窗帘行业它是有猫腻的，里面水很深，那么今天东方购物全部把水给弄清了。直接清到什么价格？1 480元是7米布，1 680元是8米布，所有后期的价格，各种各样的费用，林林总总的，全部省掉！

购物专家和厂商代表列数了做一套完整的窗帘所需的全部费用，力证在本节目中的价格是非常实惠和公道的。他们没有空洞地谈价格，而是把在市场上所需同档次的产品价格一一列出，相信精明的消费者自有判断。

三、刺激受众的购买欲

(一)利用"恐惧诉求"

恐惧诉求是指"强调可能发生的负面后果，除非消费者改变他们的行为或态度"。[①] 恐惧诉求策略被广泛运用于营销传播中，通过刺激消费者的恐惧心理来劝服其购买相应产品。特别是在基本生活安全受到威胁的时候，受众对可以消除这种隐患的产品的接受度会大幅提高。在儿童安全座椅的广告中，使用了"如果你不想失去孩子，请使用儿童安全座椅"的广告语，并用被撞碎的鸡蛋暗示不使用安全座椅可能造成的伤害。

电视购物节目中使用恐惧诉求的范围相对有限，因为相当一部分产品不适合用此类诉求方式。购物专家在推荐产品时，应着眼于老百姓当下最关注的食品安全、空气质量等问题。同时，购物专家应该注意拿捏分寸，过犹不及，过度地恐吓反而会造成相反的传播效果。

---

① 〔美〕迈克尔·所罗门、卢泰宏、杨晓燕：《消费者行为学》(第10版)，杨晓燕等译，中国人民大学出版社2014年版，第179页。

来看一档关于空气净化器的节目案例：

购物专家：今天我们为大家推荐的这款净化器首先就是一个过滤PM2.5的功能。大家都知道现在PM2.5在我们生活中广泛存在，比如汽车的尾气啊，工厂的烟囱排放的工业废气啊。前两天我就记得北京出现了沙尘暴的天气，现在我们来看这则新闻"北京十三年来最强沙尘暴南下波及上海"，发表于2015年4月17日。也就是昨天的一则新闻啊，（沙尘暴）南下波及我们上海了。所以大家想想看，可能这两天天气还OK，过两天就有可能大雾弥漫，家里也许就不能开窗，不能晾晒衣服，这个时候家里一定要有一台空气净化器。

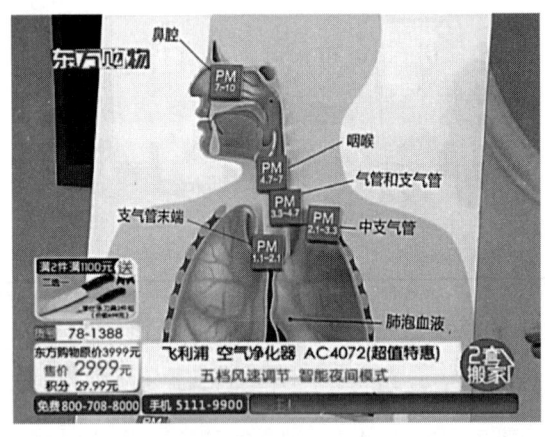

图3-3 节目现场购物专家和厂商代表利用人体生理图来解释PM2.5的危害

厂商代表：如果没有空气净化器，我们会受到哪些危害呢？我们来看一下示意图。空气中的PM7-10通过鼻腔进入，在这个时候对您的鼻腔就已经有损害了；如果是PM4.7-7，就会对您的咽喉有损害；如果颗粒再小一点，PM3.3-4.7就会继续往下走，对您的气管和支气管有影响；到了PM2.1-3.3，就会对您的中支气管有影响。所以说观众朋友们，这个已经接近您的肺部了。如果是PM1.1-2.1，就会影响支气管末梢，极大地破坏我们的身体健康。如果没有空气净化器，那么您的肺就要成一个过滤器了。想想看有多可怕！

节目中购物专家通过图例详细解释了PM2.5会对人体造成的危害，让观众产生对可吸入颗粒物的担忧，从而引导大家购买空气净化器这一商品。

（二）利用"情感诉求"

"情感诉求"指的是在节目中营造出特有的温馨氛围,让观众在不自觉中接受商品。

"例如做某商品的告别档节目时(此商品在购物台卖了两年,本档做告别),主持人与厂商代表一起细数节目和观众伴随此商品共同成长的点滴历程,当情意切切的话语配上应景的音乐,节目营造的温情与淡淡伤感的氛围很容易打动人心。这时主持人再适时抛出告别档前所未有的优惠回馈时,订购便成为顺理成章的事情了。"①

台湾一位购物专家在推荐钻石时曾这样推荐:

电视机前的各位先生,老婆跟了你一辈子,风雨同舟辛辛苦苦,如果现在你拿出这颗钻石放在她手上,你知道女人被爱情拥抱的感觉多好吗?

这段话至情至真,催人泪下,观众无不为之动容。

美国 QVC 擅长打造适合产品的氛围。在销售一档户外遮阳伞的节目中,购物专家站在院子中间,身后是一把漂亮的遮阳伞,伞下摆好了桌椅,桌椅上放着水果和茶等,餐具也非常精美。让消费者相信只要拥有了这把遮阳伞,就可以拥有这样美好闲适的人生。在椅子上还放着一个红色的靠枕,看起来非常漂亮且舒适,购物专家在节目中耐心教消费者如何用一块花布和家里的普通靠枕打造这样一款很特别的靠枕。这种附属品虽然看起来和产品没有任何直接联系,却极大地增强了消费者对于这种生活的向往,因此这款遮阳伞成为当日销量最高的商品。

（三）利用"自我实现诉求"

受众在购买名表、手袋、首饰等高档消费品时往往具有多重动机,希望以此来炫耀身份地位、彰显个性、追求优越感,利用产品实现自身价值。

---

① 钟妍:《传播学视角下两岸电视购物节目的特点研究》,《新闻知识》2012 年第 5 期。

　　日本资生堂是跨国化妆品集团,销售包括护肤、彩妆、美体、香氛等不同种类的综合产品,旗下几十个品牌针对不同消费群体提供有针对性的服务,口碑极好。资生堂旗下最高端的系列是 The Ginza Cosmetic。和其他系列铺天盖地的广告宣传不同,The Ginza Cosmetic 从来不做任何宣传,鲜为人知。资生堂的专柜遍布世界各地,却只在东京银座的资生堂总部和日本少数几个大型国际机场发售 The Ginza Cosmetic 系列,除此以外无法购买到。该系列产品售价是资生堂所有品牌中最高的,一盒面霜售价高达十几万日元。这种隐秘、高端的销售方式迎合了一部分精英女性,她们不愿意随波逐流,不喜爱大众品牌,希望自己所用的产品能带来与众不同的舒适感受。资生堂总部为这些高端客户特别营造了奢华舒适的氛围,购买相应产品的客户可以乘坐电梯到达专门楼层,享受美容顾问贴心的 SPA 和彩妆服务,还可以享用美味的点心和花茶。资生堂利用其产品和服务为消费者达到自我实现的感觉。

　　我们再来看 Gucci 太阳镜的销售案例:

　　购物专家(以下简称购):观众朋友们大家好,欢迎来到好享购物的现场直播,我是大家的购物专家 xxx。经过三年的协商,我们今天首次把国际一线品牌 Gucci 请到了我们节目现场。有请 Gucci 的厂商代表,来,和大家打个招呼。

　　厂商代表(以下简称厂):大家好,我是 Gucci 的厂商代表。因为是第一次来到好享购物,所以为大家带来的是最为经典款的太阳眼镜,同时为大家带来的是意想不到的组合和价格。

　　购:我相信说到 Gucci 的品牌,真的是无人不知,无人不晓。那么 Gucci 的定位是什么呢? 奢侈品。国际级,一线的奢侈品。那么在今天晚上,我们将要给大家呈现出来的,是这样一个季节中非常实用的,来自 Gucci 经典款的"双 G"太阳眼镜。(强调品牌的尊贵地位:"国际级""一线")

　　(购物专家口播商品信息:Gucci 是全球女性最爱的品牌之一,好享购物惊艳首发。经典双 G 系列墨镜,代言人李冰冰参与设计,四层电镀,100％防

图 3-4 Gucci 太阳眼镜节目现场

UVA 和 UVB）

购：这么多年来，好享购物和很多一线大牌都有过合作，但是和 Gucci 还是头一回。谈了三年，今天终于来了。

厂：大家都知道，Gucci 在国际上是真的一线大牌。记得十几年前我读大学的时候，谁能有一个 Gucci 的包包、一副太阳眼镜，那真的是一种地位的象征。很多名媛贵妇都对它趋之若鹜。当然了，它不仅代表着地位，也是一种财富的象征。（强调品牌是地位和财富的象征，暗示拥有产品就拥有地位和财富）

购：同时也代表了一种文化。大家看到我手中这样一本女性名牌杂志中，里面介绍到最值得推荐的奢侈品。我现在打开它，里面有一整版对 Gucci 的介绍。它里面提到：Gucci 是身份和财富的象征，是殿堂级名牌，成立于 1921 年的佛罗伦萨，是意大利最著名的奢侈品集团。捧场者包括有好莱坞著名影星奥黛丽·赫本和当时的美国第一夫人杰奎琳·肯尼迪。（通过女性名牌杂志来证明品牌的地位，并且运用名人效应来凸显产品受社会名流青睐的程度）

厂：是的，很多明星和富豪都爱用 Gucci。《胡润百富》这本书里说到，

2015 年时尚优品,最受富豪青睐的品牌中,Gucci 就名列其中,而且排名非常靠前。

当然了,对于我们来说,Gucci 中最经典的是什么呢?刚刚主持人说了,是双 G 的系列,就是我们的 logo,两个 G 在一起的。来给大家看一下很多杂志中都有,我们的明星像范冰冰啊、李冰冰啊、安吉丽娜·茱莉啊,都在背 Gucci 的包包,而且她们背的全部都是双 G 系列! 所以我们今天给大家带来的也是双 G 系列。其实一提到双 G,一个是经典;第二个,它的价格是很贵的。(再次通过中国观众熟悉的明星范冰冰、李冰冰、茱莉等人证明这是一款风靡时尚圈的产品)

购:是啊,那我来给大家举几个例子好了。大家来看,这是一条 Gucci 的皮带,80 周年纪念版的限量版,它的售价是 7 200 元。同样,90 周年纪念版的粉色包包,市价是 59 800 元你才能够拥有啊,真的是少数人才能拥有的。那我们来看一下李冰冰手上拎的这款双 G 包包,就更贵了,市价达到了 98 000 元。所以真的要好几万元才能买得到。

厂:那么我们今天给大家介绍的这款太阳眼镜,非常与众不同的一点,它是李冰冰亲自参与设计的,李冰冰小姐的杂志款。所以它既是我们 Gucci 的经典款式,同时也是最受明星欢迎的款式。

购:那么这款太阳镜它的专柜售价是 4 280 元! 有折扣吗?

厂:当然没有任何的折扣! Gucci 本来就要这个价格啊,你知道的嘛。

四、打消观众的最后一丝疑虑

(一) 用商品讲一个故事

优秀的购物专家会用商品讲故事。在销售一款香樟木家具时,购物专家就讲述了一个关于香樟木的故事:传说过去谁家生了女儿,父母一定要在女儿出生那天栽一棵香樟树。等到女儿要出嫁时,父母就把树砍了,为女儿做一套香樟木的家具作为嫁妆。购物专家巧妙地把香樟木和父母对子女的疼爱之情联系到了一起,消费者听了后自然也很想为子女置办一套这样的家具。

在销售某品牌护肤品时,购物专家也讲述了这样一个故事:

"同仁堂"一直都是皇家御用的产品。1870年的时候呢,慈禧太后因为脸色灰暗、发黄,于是命"同仁堂"为她研制妙方,因为养颜效果非常显著,于是慈禧赐名"祛斑养容膏",距今已经有145年的历史,也就是今天我们为大家呈上的这款商品。慈禧当年用过的祛斑养容膏现在就存放在同仁堂博物馆里,是一个古董。经过100多年的技术革新,依然是当年的配方,40多味中草药,才有了我们今天推荐的同仁堂祛斑养容膏。慈禧太后使用的时候是35岁,因为国事繁忙,要处理政务还要面对外敌入侵,脸上长了很多斑,那么她开始使用同仁堂祛斑养容膏,到了50岁,再到70岁,脸色都没有什么太大的变化。照片不是特别清楚,但我们可以感受她皮肤的那种紧致,不像是老太太松松垮垮的皮肤。年纪好像定格在了使用的那一年。

购物专家巧妙利用了慈禧的名人效应,将产品和慈禧联系到一起,打造出皇家御用的品牌印象。

(二)促销

常规的促销方式就是借周年庆和各种节日来销售。

东方购物周年庆之品牌卫浴销售现场:

购物专家:美标143年的历史中,第一次参加庆生团的销售,就在今天4月17日的上午10点钟,准时为大家放送。美标100多年的销售历史,从来没有参加过任何的活动,今天来到东方购物周年庆,将带给大家旗舰款的连体马桶,同时带给大家史无前例的超值赠品,机会不容错过。(将品牌和频道周年庆相结合,强调品牌从不参加任何促销活动,此次机会非常难得)如果您家里想要翻修房子或者抽水马桶以旧换新,今天不但能给您解决抽水马桶的问题,更能在品牌和价值方面让大家耳目一新。

其实在所有的庆生团中,装修产品出现的比例非常高,都知道三四月是家装旺季,但是抽水马桶是第一次,也有可能是唯一的一款产品参加我们的庆生团,所以这次的活动力度非常大。市场上总价是 5 458 元,但是因为今天是东方购物周年庆,所以我们仅售 1 999 元,还额外有好礼相送。(强调产品是唯一一款参加庆生的抽水马桶,再次催促观众抓紧机会)

除此以外,还有一些"特别"的促销方式。在某频道和田玉的销售现场,厂商代表和购物专家假借系统录入的错误,演了一出双簧。

购物专家(以下简称购):那今天的价格是多少呢?

厂商代表(以下简称厂):因为今天我们限购,只有 19 组,特供最低价 9 980 元。不到万元的价格,这是吴老师(玉雕师)生前从未给过的价格。吴老师亲雕作品的特供机会。

购:也就是说不到 1 万元,就可以把手把件和手镯全部带回家。

(此时屏幕上打出 4 990 元的价格)

厂:(大吃一惊)导演,不是这个价格! 不是 4 990 啊,是 9 980!

[画外音:(现场导演)不好意思打断一下,我系统里的价格就是 4 990,不是 9 980。现在的价格是对的,我们系统里就是这个价格。]

购:是你说错价格了?

厂:不是啊。主持人你知道的,这个价格是当时好享购 5 周年庆特供的价格。

购:我觉得只有一种可能,你们工作人员录入的时候弄错了。但是出于对消费者负责,打出的价格不能更改,而且录入系统的价格没法改,不可能你在现场说多少就是多少。

厂:这个价格确实在 3 月 29 日五周年的时候给过,但我说过不可能再给了。因为是吴老师亲雕的手把件,所以我们一定要改回 9 980 的价格。

购:但是这个价格已经不能更改了。刚刚导演也是破例把他的声音传到现场。因为我们全体工作人员包括呼叫中心、负责给观众朋友接单的接线员他们电脑上显示的全是 4 990 这个价格。还有一个办法,就是这档不能卖了。

厂：那我真的不能卖了,抱歉啊。

购：那你这样不行啊。你让我们用什么节目来顶替这档(节目)的时间呢? 那这档原来时间是 50 分钟,减少 10 分钟,就 30 分钟抢购时间,一共 19 组,现在开始倒计时。抢完为止,祝大家好运。

这样的促销方式因为涉嫌欺骗观众,现在已经不多见了,购物专家要注意避免。

第四章
电视购物节目中不同类型商品的主持

　　电视购物节目中涉及的商品种类繁多,其中最多的就是生活家居类,包括服装、床上用品、厨具、保健器械等。除了家居生活类,还有数码家电类、珠宝首饰类、收藏品类等。近年来,电视购物节目中的商品越来越丰富,甚至出现了别墅、跑车、国际一线奢侈品等高单价商品,还有旅游券、保险等新型商品。针对不同类型的商品,购物专家需要根据商品的特点来设计推荐词并串联节目。

第一节　生活家居类

　　生活家居类的商品范围广泛,购物专家在驾驭的时候跨度较大。生活家居类商品大多是生活中最常见的:锅、碗、榨汁机、床单、足浴盆、按摩椅、运动套装等,应有尽有。购物专家需要掌握多种多样的呈现方式,具备较强的应变能力和综合能力,才能将一档生活家居类商品节目做得引人入胜。

　　家居生活类的主持方式很多变。购物专家在节目中时而试穿衣服,时而炖汤炒菜,时而试用按摩椅。主持家居生活类商品的节目,往往要求主持人(购物专家)自己就得是居家能手,会熟练做家务,对家居用品的性能了如指掌。

　　购物专家要在节目中把商品的性能用最直观的方式呈现给观众,比如在销售一款蚕丝被时,购物专家就和厂商代表一起拉伸蚕丝,直到二人都走出镜头,蚕丝依然没有断,让观众感受到蚕丝的延展性确实超出同类产品。

同时,购物专家的语言也要通俗易懂,尽量口语化,再加上恰到好处的副语言,形成亲切自如的主持风格。下面的几篇优秀案例供大家参考。

案例 1

购物专家(以下简称"购"):感谢各位电视前的会员朋友了,大家现在收看到的是好享购物五周年的直播庆典正在进行时,今天要跟大家说一个事儿,一档叫作"历史的里程碑"的节目,为什么呢? 我也告诉大家,对我来说从来没有见过的蚕丝品质,2008—2015 年在我们的所有工作过程中从来没有见过,没有用手摸到过的蚕丝品质,而这两天正好要用蚕丝了,真正懂蚕丝的、想要蚕丝被的请记得这一档真正是珍宝级别,到底有多珍宝呢? 一会儿给大家分享。先介绍我们的品牌代表张佳,给大家打个招呼。

厂商代表(以下简称"厂"):主持人你好,各位好享购物的会员大家好,说起今天五周年庆不是大的品牌根本不敢来,以后也不会来,所以我就讲一句话,市面上大的蚕丝被品牌唯有茧缘是世博会、青奥会的指定品牌,我想说,不是所有的品牌都能够进入到青奥会。今天我们的品质也可以说是响当当的,一级棒。

> Tip1:开门见山介绍商品基本信息,并突出商品的主要卖点。这款商品的主要卖点为蚕丝的高品质,需要在开头就重点强调。

购:所以大家看到,在好享购物也有很多好的品牌,包括我们在专柜看到的也有很多好的品牌,它们都拿到过各种证书。但今天人家直接跟奥运会来合作,所以它也代表了在国内蚕丝的高端品质。可能这个时候很多人就会有疑问了啊,为什么青奥会的时候我们会单单选择茧缘呢? 为什么世博会的时候会单单选择我们的茧缘呢? 为什么我们在好享购物五周年的这档节目中单单选择茧缘呢? 为什么班爽刚刚见过的是之前从来没有过的蚕丝品质? 所以我现在跟您说,一大堆的问号都在大家脑袋当中循环着。

厂:对我们今天也可以直接来看一下,说实在话,以往你在市面当中看到的蚕丝被很多都是你看到的这个样子的,它是什么?灰蒙蒙的,脏兮兮的,像这种蚕丝被盖在身上还会有一种异味,而且这种蚕丝被啊可能一揪就会断。

购:所以说这种是大家所看到的蚕丝,可能还有一部分会更差,现在大部分家里边用到的是什么你知道吗,化纤被!就是这种。

厂:对,就是这种化纤,我们今天还带来了化纤。像这种化纤被盖在身上不透气,还不舒服,所以说像这种化纤被基本上你盖几天就会觉得很不舒服,很不透气,所以我提醒大家,这种大家就不要再盖了。我刚刚其实是直接从这种普通的蚕丝被来讲,其实这种蚕丝被很容易打结。说实在话这个就不要盖了,而大家选择蚕丝被希望选好一点的,那什么样才能叫作稍微好一点儿的?

购:大家来看这种,这种蚕丝就是一开始大家所看到的来自我们的一级桑蚕丝。大家可以看到,一级桑蚕丝它的整个丝质,包括它的整个密质完全不一样。大家可以比较一下,这种是市面上大家所看到的蚕丝,这种是大家之前买到的一级桑蚕丝,说实在话,一级桑蚕丝在我们的市面上已经不多见了,而这也是之前我们给大家推荐的所有桑蚕丝中的最高品质了,因为一等品,它必须采用这种优质的桑蚕丝,那么在现场告诉大家,盖蚕丝被跟你盖普通被有什么样的区别。比如说这种化纤,大家可以看到被火机烧的时候它完全不阻燃,大家可以看到它会产生这种黑色的硬疙瘩,这就是我们平时跟大家讲到的塑化剂。塑化剂是什么?塑料碎屑,塑料品,并且在人体的36度体温下会释放毒素。后来我们才有了蚕丝被。那么到了夏天,我们知道蚕丝被是一个最热销的季节,它能达到很好的透气性。而且到了夏天我们都知道,蚕丝面膜我们都做起来了。而今天我想跟会员朋友们说,今天是见证经典、见证奇迹的时刻。如果在之前大家看到的所有这些品类的蚕丝,到这里(一级桑蚕丝)就已经截止了。我们之前不管有哪个品牌来,到一等品蚕丝已经相当了不起了,相当了不得了。但今天我们的茧缘不一样,我们有一个更加了不得的实验不说,我们今天要比一等蚕丝还要更好。

Tip2：将化纤和桑蚕丝做比对，让观众直观了解这两种材质的区别，学会辨别市面上以次充好的假蚕丝被。更重要的是，让观众真实感受到化纤被的危害。

厂：所以今天我们要带各位会员朋友来看一下，今天您觉得这一块（一级桑蚕丝）已经很好了是不是？那今天我告诉你，什么才是我们今天能达到的像棉花糖一样，有没有？看一看好像有珠宝般的光泽，有没有？今天我们带给大家的桑蚕丝三等、二等、一等，而现在我们带来的是优等！金字塔塔尖的优等！更蓬松、更饱满、丝质更加细腻，光泽度更强。

购：我跟大家说，如果能做到这种一等品的跟我们做到这种优等品的，它们的本质区别在哪呢？那么我今天也特地给大家带了一床来自茧缘的蚕丝被，您收到的就是这种品质哦。我们今天先来看看啊，来佳佳，我们先来这边看看。这样好了，完整的主商品我们直接剪开来看一下，什么叫作从来没有看到过的蚕丝品质。会员朋友我跟大家说，今天这床蚕丝被所有材质都是全棉的材质，包括我们今天所有的主商品上都是这种优等的品质，所以它哪怕单独用、不用背面也可以。来，震撼的来了，把它撕开来看一下。

厂：哇～，光泽度，好像要反光一样。

购：对，会员朋友首先第一个，当我们打开它的时候你会发现整床蚕丝被它的光泽度非常高。它能够高到多少呢？来我们比较一下，和刚刚大家所看到的白润度完全不一样。请您看好啊，后边的白是什么，是透亮的！而今天我们刚刚看到的一等品呢它是稍微有一些发污的，所以这就是蚕丝的不同！还有什么不同呢？

厂：还有就是我们今天的光泽度，我们今天是什么？桑蚕长丝啊！所以说我们今天的桑蚕丝它不是一团塞在里面的，全部是一层一层在里边的。你看我们现场在拉。

购：像网状一样的。

厂：今天这种蚕丝在过去基本都是皇室才盖得了的。

购：对，你看这个光，而且你看会员朋友，(现场拉丝)我们还可以拉得更远吗？

厂：大家看我们俩都已经不在画面里边了。

购：所以说会员朋友，如果有一个人帮我拽着帮我拦着，大家看到我了吗？我已经走了这么远，整个蚕丝没有一点儿掉落。证明什么？证明今天我们给大家看到的这种优等品比之前的一等品要好很多。

厂：今天我要告诉大家，国家所要求的桑蚕丝的长度是25厘米。而今天班爽距离我现在至少已经有三米了。

购：告诉大家，在生活当中拉丝是会达到100米以上的，今天我可以告诉大家光泽度也非常好。蚕丝的好坏怎么来分？尤其是对于选蚕丝的人来说最强调的就是它的光泽度！它的光泽度决定它的营养成分。所以在这里我想跟各位分享一下，把它往上一点点，我们来给各位看一下啊，对于大多数的蚕丝来说，它的光泽度是只有七度的。我现在把它缠在手上，请大家看好，今天我们整个蚕丝的光泽度它甚至已经达到多少？十二度！现在大家所看到的这个是一等品，(对比)会员朋友你之前买到的蚕丝会有这种光泽感吗？没有，都说含有蛋白质和18种的氨基酸，但是大部分的蚕茧不具备这么多的营养成分。第二个就是看它的细腻度，每一根蚕丝在今天它都要比你的头发丝还要细。这就是今天来自我们的优等品。一等品呢，大家再来看啊，一等品的蚕丝它达不到如此的细腻。所以说这就是目前我们国家区分一等品和优等品的三个区别：第一个它的光泽度不一样；第二个它给各位带来的蚕茧的颜色完全不一样；第三个就是它每一根蚕丝的细腻度也不同。越细的用料越多，越粗的用料越少。所以我毫不夸张地讲，大家在2015年之前买的全部都是一等品，因为我在之前给大家推荐的、大家所看到的都是一等品。所以我就很好奇了，好奇什么呢？这么多的品牌、这么多的厂商，当我第一次听到优等品的时候很惊讶。当我第一次看到它时很惊讶，包括它的光泽度比珍珠的颜色还要光亮，我特别想知道，哪来的呢这是？特别奇怪怎么会有呢？

厂:好,我告诉大家,现在属于揭秘阶段啊。为什么今天我们所看到的甚至比市面上的一等品还要好上那么多,还是优等品。因为这是2015年的春蚕茧。什么意思?我告诉大家,蚕茧当中含有18种氨基酸,因为春蚕茧它的营养特别丰富,春蚕茧它的营养成分是最高的,所以光泽度最好、蓬松度最高。我告诉大家一点,过去皇室贵族都盖蚕丝被,而唯有皇帝盖的被子才是春蚕茧,在古代它还有一个名字叫:贡茧!

购:明白了,那按照你的这个说法,春蚕茧一年只有一次啊?

厂:当然。

购:就是说它过了这一次产茧的过程,以后不会再有。

厂:我告诉大家,春蚕茧一年春夏秋冬四个季节只有春季才会有产量且特别少。重要的是一旦错过春天,再也不会有。

购:会员朋友您拿回家的每一床蚕丝被可以看到是优等品,并不是之前大家看到的一等品。难怪在之前我是只听过春蚕茧这个名字,但是我从来没有看到过这个春蚕茧,所以我跟大家说这是什么概念呢,我是从来没有见过,以前也从来没有厂商把春蚕茧拿来做被子,大部分的春蚕茧用来做什么?比如说一些丝质的衣服啊,一些背的包包啊,都是用在身体上,而我们今天是第一次把在古代是贡茧的蚕丝拿来给大家做蚕丝被,会员朋友您今天真的是赚大了知道吗?说到这个时刻,我们今天的这个春蚕茧、这个贡茧蚕丝被,我想知道价格多少?

> Tip3:主持人从光泽度、拉伸的弹性等几个方面比较一等品和优等品,力证所售商品的等级优良。通过现场试验,证明蚕丝的拉伸长度远超同类产品。

厂:我告诉大家,因为春蚕茧量非常少,在市场上七千块钱一床肯定要。

购:我之前跟很多业内人士聊过,因为春蚕茧一年可能也只有一千床被子,因为被子是需要千层的嘛,今天一千床我们有幸能占到这么一点点的比例。那么我想问,专柜价格七千多我觉得很正常,今天在我们好享购物会不会给我们的会员朋友带到优惠?

厂:首先我想告诉大家,今天给大家带到的每一床被子一定都是春蚕茧。价格上专柜七千多,今天我不卖任何关子,如果七千多的五折算还是要三千多对不对?今天我的价格甚至连 3 000 都不到,多少呢?2 898!抱给大家看一下,我们今天带给大家的蚕丝被总重达到三斤,而且是真正达到优等品的贡茧。所以我告诉您独一无二,也只有今天我们的茧缘才能做得到,那今天我们的价格是多少?2 898!来到好享购物,大家知道肯定是有买又有赠,今天我们赠什么?

厂:各位,原则上来讲我们今天的赠品可以赠一双袜子,送一个手套,可是今天我告诉大家,我们的赠品同样是一床蚕丝被。

购:也就是说,我今天有两床蚕丝被,平均一床的价格也就一千多,哇,好开心啊,是一年只有一次的春蚕茧,一年只产一千多。我听说今天还有第三个。

厂:今天第三个礼物,小小心意了啊,今天我们第三个礼物是一床绒毯。

购:再加一床绒毯!可是我有一个问题哦,今天我们的蚕丝被这么牛,在业内也可以说无人能够做得到的,会不会让会员朋友觉得绒毯配吗?就说一床给贵妇用的,一床给小老百姓用的。

厂:我懂你的意思,班爽,但是说实在话,两床蚕丝被拿回家了,春蚕茧的。我这个只是小小心意送给大家。

购:不行,会员朋友我真的觉得送这个会特别不匹配,完全不在一个档次上。

厂:那你想怎么样?

购:蚕丝就应该配蚕丝!蚕丝不配蚕丝吗,怎么最后变绒毯了?

厂:那这样吧,蚕丝我真的做不了主了,今天我们的董事长席总也在现场。

购:让我们以热烈的掌声欢迎席总的到来。来,席总站我们中间,先跟大家打个招呼。

席总:各位好享购物的会员,大家好。

购:席总,今天我们遇到了一个难题啊,您说这么好的蚕丝又能够在业内做到独一无二,然后呢您看您是蚕丝送蚕丝,然后最后送了一床毯子,不合适啊。

席总:2 898送这个已经可以了。

购:那不行啊,我就觉得这床毯子特别不相配。

席总:那我就降价给好享购物的会员。

购:什么意思,要再降价吗?

席总:对,今天我在原来的价格基础上再降2 000块钱。

购:等一下,您的意思就是说,现在毯子反正是不能加蚕丝了是吧,现在再降2 000块钱。您怎么那么聪明呢,一床蚕丝被七千,你降2 000省5 000块钱呐。好,这个样子啊会员朋友,我先帮席总说句公道话,今天898这个价格对这个品质的蚕丝被是最低价格,从来没有出现过。但是我要为会员朋友说一句话,从我站在这里那一刻,包括跟张佳对话,包括跟席总对话,我有说过降价吗? 没有吧,没有说过任何一句席总您降价,他自己降的对不对? 好,既然这样,反正我坚持我的原则,反正我不能让我的会员朋友说我的主赠品特别不相配,这样子会员朋友,这个谁家没有,这个(绒毯)直接扔了,因为这个今天完全不在一个品质上,我们就买一床蚕丝被送一床蚕丝被,然后向大家承诺这是在好享购物第一次拥有的春蚕茧,一年就一次的春蚕茧。

席总:那这个买一送一我们也过意不去啊。

购:那这是您的事情啊,您自己看着办啊,反正那床毯子肯定是不能要了。

席总:那毯子不能要了,我今天就豁出去再送一床蚕丝被,好了吗?

厂:席总,别赌气啊。班爽,我觉得今天席总绝对是被你绕进去了。

购:等一下,席总那您要这样说我就要有要求了,那我要求必须是春蚕茧,不是一千床吗? 我要求第三床的蚕丝被也要是一年一次的春蚕茧。

厂:七千块钱一床的春蚕茧哎!

席总:那既然来了就送出去吧。

购:真的？ 来一锤定音,现场再帮我送一床春蚕茧的蚕丝被。好,那就这样子了席总,今天来自茧缘品牌的一年第一次吐丝的春蚕茧蚕丝被共计达到了三床! 898 的价格,每床才只有两百多,机会真的只有这一次,你等到下一次的时候真的不一定再有了,所有的蚕丝被今天给大家做到 80 公分长的拉链口。快把握住机会会员朋友,超划算的,祝你好运咯,加油!

> Tip4:主持人与厂商代表讨价还价,索要更值钱的赠品,让观众有占了大便宜的感觉。

训练提示:

(1)尝试从专业的角度解释如何辨别一件商品的优劣、等级。

(2)学会用现场试验呈现商品的一个特点。

(3)尝试用"讨价还价"的方式为观众争取更多的利益。

案例 2

购物专家(以下简称"购"):欢迎回来会员朋友们,我们的巨献好礼被没收了吗?

厂商代表(以下简称"厂"):我觉得最好的惊喜一定要放到后边。

购:你这个礼物如果不贵重你自己下不来台啊。

厂:这个礼物一定会让你跌破眼球。

购:我们先看主商品。今天正好我戴着手套,否则我都不敢去摸它。我生怕在这完美的商品上留下我的指纹。但是真让我觉得在快乐购能够把这么高档的电饭煲拿回家哪怕是贵一点我也愿意。因为您家里用的电饭煲可能只需要花一两百、两三百,煮饭肯定是没有问题,什么样的锅都可以做嘛,你拿柴火也可以做。但是口感、味道、营养能否全方位地保留,这就要看我们今天这口锅具行不行。所以会员朋友们我们看,首先外观上面,它就跟我们快乐购正在销售的或以前销售的,或者跟您在市面上、店里看到的可能不太一样。

厂：当然不一样，首先你看它的外观非常讲究，款式是专门回馈给中国人的中国红的颜色，它寓意着中国人的一种精神，它整个造型是流线形的，就像圆的跑车一样，还有一个设计理念来自太空舱。所以它非常具备现代感和科技感。

购：非常漂亮，况且整个版面采用的都是电脑版固屏操作。

厂：纯触屏的，跟您用 iphone6 的操作感是一样的，非常非常灵动。

购：看到灯光了吗？表面非常光滑，没有任何的按键，全部都是真正的感应式操作。

厂：真正的快乐购，九年以来第一款纯触控的高端电饭煲。

购：所以会员朋友您在外边买功能好的贵的电饭煲是不是都是这个配置？

厂：三四千的一定是按键的，如果是触碰的一定要六七千的价格。

> Tip1：在介绍商品外观的时候，主持人别出心裁地戴上了手套。一般情况下，只有介绍奢侈品、收藏品时才会使用。让观众隔着屏幕也能感受到商品精致、高贵的造型。

购：没错，你看我们的功能：保温、口感、烹饪、预约分钟，还有童锁。下面是它非常详细的功能菜单。

厂：这个就大有来头了，首先前面的五种米饭口味，它就做到了最详细和极致了。

购：五种米饭口味，您什么时候见过做米饭电饭煲有五种口味的？有柴火饭、香饭、煲仔饭，还有糙米饭！

厂：告诉各位会员朋友，很多电饭煲没有糙米饭功能，也就三四千的价格。加了糙米饭就得再多一千块钱。

购：但是糙米饭太难了。再往下面看还有什么？还有热饭的功能，还有煲粥的功能，还有慢炖、炖虫草。

厂：炖虫草是非常讲究的，我相信很多朋友也是第一次看到。在电饭煲里可以炖虫草、炖燕窝。大家都知道燕窝的沸点是不能超过一百度的，这一款电饭煲有低温温控技术，当您做名贵的食品的时候温度是不会超过一百度的，即使持续长时间也不会超过。

购：再看这边还有慢炖功能、煮粥功能、婴儿粥功能，还有酸奶特效功能，真的不可思议！会员朋友，今天这款电饭煲您把它带回家，您如果花个两三千、三四千我都不敢想，基本上要花到五千以上了。

厂：我告诉各位，如果您在国外代购一模一样的肯定要在六千元以上了。会员朋友们再看我们的内胆，这是我拿到过的，因为之前经常做厨具嘛，最沉的内胆！因为您要炖燕窝、炖虫草，它们是非常名贵的食材，一般的不锈钢的内胆、一般的涂层的内胆是会破坏名贵食材的营养的，但是今天我们是什么样的内胆？这个是纯矿物质的内胆，第一个是澳洲的锂辉石，大家都知道锂辉石是可以释放远红外的；第二个就是景德镇最好的陶瓷，大家知道陶瓷是不串味的，而且是景德镇的陶瓷；第三个就是贵州的高岭土。这三种元素都是很名贵的。

购：高岭土透气不透水，所以才能够最佳地保持食物的营养，让它充分地吸水吸饱。今天这个土锅，单就这个内胆，我告诉大家，在外边门店中是单卖的。

厂：没错，269元一个，而且它是可以在明火上单独使用的，很多朋友是不要机器只要这个内胆的。

购：今天我们这一套锅具在门店里卖多少钱？

厂：在国内的价格是1699元，这个价格是给国人的价格。到了韩国、日本，一模一样的技术人民币六千元以上。

Tip2：详细介绍商品的性能，不仅有一般电饭煲煮米饭的功能，还可以炖虫草和燕窝。主持人还特别突出了电饭煲内胆的设计，因为加入了高档原材料，因而口感会不同于市面上的普通产品。

购：我们来看一下它做的米饭好不好。真正的电饭煲一定是要做出健康的营养的让我们味蕾大开的美味的米饭的,我们来检验一下。因为以前我非常怀念小时候在外婆家吃的柴火饭,柴火饭对这个火候的要求是非常高的。

厂:既然是高端电饭煲,肯定要先把饭做好,所以呢,第一个给大家做的是白米饭。你来看它的米粒,我没有怎么动它自己在慢慢地往下滑落,这证明米粒的释放已经非常彻底了。

购:好香哦! 来,会员朋友们,我来给大家看一下。看到了吗? 均匀饱满,这种米买它花了多少钱?

厂:我都不好意思说,买的是 1.8 元 1 斤的米,但是您煮出来就像是泰国香米的感觉。

购:能够做出这种色泽吗? 能够做出这种香味吗?

厂:当然可以! 因为它的三种成分充分发挥了之后,用的是低温温控技术,所以它的米香是从内而外(散发出来)的。

购:之前说我们这个电饭煲有稀饭加热的功能,您看有这个预热功能、吸水功能、焖饭功能,还有保温功能。

厂:这个七部曲是按照日本的烹饪七部曲的曲线来设定的,一步都不能落,落了一步就不对了。所以这个七部曲线是行业里的最高标准,有了这个曲线它的价格一定是在六千元以上。

购:所以会员朋友们,我们今天的米饭为什么不是您家里普通电饭煲做出来的那样。

厂:而且跟大家说,它还有一个 28 秒的技术,用这个技术做出来的煲仔饭我们来看一下,敲一下,它的响声非常脆。

购:锅巴,只有以前那种大的旺火的铁锅才能够做出来。会员朋友们您看到了吗,我外边是焦焦的锅巴饭,里面是嫩嫩的香米饭。外面这种脆脆的锅巴饭都能做! 这个锅具在外边卖得那么贵真的是有理由的。

厂:1 699 的价格对国内行业内的价格是最人性化的。

购:七部曲的技术真是还原了食物最本真的、最合理的烹饪方式,所以我忍不住给大家尝一尝。

厂:每次做完节目后这个锅巴都是我一个人解决完,回到了童年的感觉,太好吃了! 农村吃的大铁锅饭的感觉。

购:而且里面的米饭很软、很糯,还有点儿甜甜的味道。

厂:这是因为它有一个回甘的技术,所以你会发现它是甜的,对不对?

购:而且外面的锅巴焦焦嫩嫩的,很香。我们现在已经有几位朋友把电话打进来直接问价格、直接下订单了。朋友们只能是这种陶瓷、这种土锅才能这么香,您在外边是没有享受过的,因为这种土锅是只有伊莱特才具备的。

厂:而且除了煮米饭之外我们用来煲汤也是没有任何问题的。因为有远红外,你可以看到,炖鸡汤也是可以脱骨的。包括鸡汤的颜色也是黄澄澄的,跟您在外边喝到的也是不一样的,跟您家里爸妈熬的汤无论是色泽、颜色、营养都是一样的。

> Tip3:通过现场实验,煮出一锅地道的"柴火饭",带观众回到童年吃大锅饭的幸福时光。除了煮米饭,也尝试了煲汤等。

购:您在家里要是做这种汤真是至少要花两到三个小时,而我们今天的伊莱特只用 25 分钟,可以充分快速释放食物的营养。我也不跟大家多说了,我们的电话线即将满线,现在已经有 40 多位观众打进来询问价格,今天给大家做这个土锅灶,做世界上最高端的电饭煲,我们的伊莱特这一款的价格是多少?

厂:到了这个时候把红包拿出来吧,一个非常大的礼包。这么久以来伊莱特是我第一次拿到这么大的红包。

购:我们先来看这个吧,在门店里边市面上只要是伊莱特的店你查得到的它的价格是 1 699 元,颜色款型都一样的电饭煲 1 699。今天这个大红包要给我们会员朋友带来什么?

厂:今天是我们七周年的收官庆典嘛,一定要重。来,3、2、1,哇~这么多，来数一下啊，总共有十张。抵一千元的现金在今天直接使用。今天这个高档电饭煲只要 699 元。我要强调这个价格只在收官档这一期节目出现。

购：会员朋友们这个价格可以了，您在外边买同样功能的三四千、五六千都会有，但是今天快乐购给各位带来的这个电饭煲 699，只为国人来准备。降这么多钱礼包我也得有。

厂：来我们的礼仪模特送上来，没错这是双立人最新的系列——最大口径的 24 厘米的煎炒锅。

购：看到这个两个人的标志了吗？这一口煎炒锅，24 厘米的双立人，今天是送的。是正品吗？

厂：当然是正品，收到货后欢迎您拿到专柜去比价验货。单这口锅就1200 元。

购：会员朋友们，在今天快乐购的直播节目中最新款的双立人锅具居然送啦！

厂：只有这一次！下一次您要忘掉它，只会出现在今天！

购：会员朋友们，今天快乐购的直播高档电饭煲加双立人的煎炒锅699元，我们的电购热线已经全面爆线了，赶紧拨打我们热线电话××××××××××，加油来抢购，手机用户拨打××××××××××。

Tip4：最后告知价格，并且给出极富诱惑力的赠品，吸引观众订购。

训练提示：

（1）学会用别出心裁的方式介绍商品的外观。

（2）在商品的众多功能中，选出你认为最值得推荐的功能，并用精彩的语言表述出来。

案例 3

购物专家（以下简称"购"）：提醒电视机前所有会员朋友，如果您在家里有一台按摩椅，您在最疲惫的时候坐在上面，窗外的阳光照着，就像今天的天气一样，桌上一杯红酒，您不觉得人生真的是太完美了吗？对不对，就像我今天在演播室一样，从来就没有做节目的时候这么舒服过。所以基本做按摩椅的节目是特别开心享受的一件事情。在今天的节目当中，我们也是特别邀请到了督洋的专业厂商代表，来跟大家打声招呼。

> Tip1：在节目的开头，主持人引导观众想象在理想的状态下使用商品，可以获得轻松惬意的生活方式。

厂家代表（以下简称"厂"）：观众朋友们大家好，很高兴能把我们督洋最具劲爆的产品，同样也是我们2015年最新款的产品带到东方购物。

购：来看一下今天督洋的这一款商品，刚有讲过，是2015年的主推款，那么在商场已经有卖了吗？在商场的话，这一台按摩椅的价格，我们先来看一下。比如这一款在杨浦东方旗舰店，包括浦东八佰伴旗舰店、万达百货这些店都可以买得到，基本上我们看到它的标价都是23 800元。两万多，好贵啊，这是要好好想一想才敢出手的一件事情。但是今天要告诉大家，这一款今天在我们东方购物是全新首卖，所以我们今天的价格组合是非常划算的。这一款按摩椅在我们东方购物今天不是两万多，只要现在来抢购您就可以抢到第一台了，5 980元钱这个价格想一想直接就可以买了吧，而且还送给大家一台空气净化器，价值1 780元，所以告诉大家，这个组合的优惠力度千万不要错过，这是难得的机会。我们来讲一下，这一款我个人很喜欢它，因为你们说完之后我自己再用就觉得特别好。首先您可以看到它是有着这种超大的遥控器，有液晶的显示屏，最关键在按摩强度上是可以调节的，包括它的速度也都是可以调节的。它有着四个非常好的自动模式，我来选择一个自动的模式。已经开始啦，现在已经开始觉得它在震动了。我跟大家讲，这样一款按摩椅的功能、特点啊，现在是整个脊椎这块特别舒服。这款按摩椅我很喜欢它在哪呢？第一点，我们都知道所有的按摩椅的按摩管轮，它的距离是不能发生变化的，无论您有多胖，无论你有多瘦，所以有的人在按摩椅上坐着总会觉得按的不是自己想要的地方，它两个滚轮的距离是不发生变化的。

厂:我们这一款是可以有宽度调节的。它最窄的时候可以沿着脊椎的位置,叫作太阳膀胱经的位置,我们知道太阳膀胱经是人体穴位最多的地方,它可以在脊椎骨两侧来按摩。胖的人可以调宽它的宽度,所以每一个穴位都是按得非常准。

购:您想想所有人,不管您的胖瘦都没有任何的问题,都可以调整到您想要的位置。现在感觉好舒服,我从来没有试过哪款按摩椅可以把我的肩颈这么使劲儿地夹着的,这是什么功能啊?

厂:这是一个叫扩肩的效果,扩肩的效果可以让人体整个舒展开来,让我们的按摩更有效。

购:这点真的很重要,现在工作压力都特别大,无论你坐公交车上班也好还是开车上班也好,很多人上班都是面对着电脑的,所以基本上颈椎不舒服的问题就特别严重,所以您看到这个按摩椅可以把您的肩部做到很好地气囊挤压,突然一放松就觉得整个人特别舒服,觉得手臂的血液循环加快,很放松。

厂:是的,说到手臂的话,您再来看一下,您见过什么按摩椅是从肩膀大臂开始的?您看我的两只手,包括我的两个小臂都是放在按摩椅当中的。这个也很少见到。

购:而且它是胎压式的模仿人手的一个按摩,跟一般夹板式的就会比较不一样。开口式的气压按摩会模仿人手给您按摩。

厂:现在夹得真的很紧,突然气囊一放松的时候就会觉得好舒服。所以您可以看到,我很喜欢的是它的按摩滚轮,它的宽窄是可以灵活调节的,根据高矮胖瘦您可以自己选择档位。第二点您看,从肩膀到我的手臂,完全包裹进行按摩的这一点也是我个人很喜欢的。还有这一款有一个特别大的特点,真的可以做到从头到脚全方位地按摩了。我想问一下,为什么我在按摩的时候跟以前其他的按摩椅不太一样?比如说,以前我按的穴位没有这么深层次地按到呢?因为按摩的时候它的突出量不一样,它的突出量是我们督洋有史以来比较突出的,可以达到 16 公分的突出量。

购：就是说它的突出量更长了一点，它就可以更深层次地帮您按到穴位。所以我要建议给大家的是，不光是按摩的舒适还有按摩的全方位，从您的肩膀、颈椎到腰椎、胳膊，以及腿部、脚部，都可以按摩到。脚部的话有点不一样，是不是带一点儿指压性的。

厂：现在有没有觉得脚中间的那个穴位特别舒服，这个穴位是涌泉穴，直通人体大脑的一个穴位，按摩涌泉穴对人体是非常有好处的，能缓解疲劳，加速人体血液循环。

> Tip2：主持人在现场使用按摩椅，把使用感受传递给观众。在介绍的过程中，主持人把商品和市面上的同类商品做对比，强调这款商品的独特之处。

购：所以要告诉大家，这个是东方购物带给大家的。已经有人开始抢了，绝对有人是有眼光的。这一款是我坐过的那么多按摩椅当中按摩部位最全面的一款按摩椅，当然价钱又实在太划算了。想一下，去一趟按摩店做一套全身的按摩，在上海这样的地方，无论是什么店，你没几百块钱是出不来的。也就是说，您一个人全年以每星期按一次的频率计算，几个月就要上千了，一年下来要一万多，只是您一个人哦，而且您还得跑到按摩院。但是如果您家有一台的话，会员朋友，您全家老小只要不舒服的时候就可以按。

我觉得特别适合送给妈妈，五月份就要到了，马上就是母亲节，您想想妈妈从小把您抚育长大有多累，您天天在上班也没有办法去给妈妈按摩，最重要的是老人可能还要帮您带孩子，她真的很累、腰很疼，妈妈经常说的一句话就是：这个腰实在疼得不得了啊。但是她绝对不舍得花钱去按摩院的，如果有了这台爱心按摩椅，妈妈什么时候不舒服什么时候就可以按，最关键是说今天价钱实在是太划算了。这一款，请问一下，在你们专柜是多少钱？

> Tip3：用观众对母亲的孝心，进一步打动观众为父母购买商品，以情动人。

厂：在我们专柜是23 800。

购：两万多块钱！看一下这些商场的标价都是两万多块钱！如果我砍砍价的话最低可以多少钱？

厂:如果商场有活动的话最低是可以打到八折。只能打到八折,打下来最终价格也要一万八左右。

购:来看一下我们今天东方购的价格是多少。因为今天这一款是全新首卖,两个颜色——红色和黑色——自己任意来选啊。最重要的是我们再也不是两万多了,也不是打完折的一万多块钱,我们东方购物给大家带来的专享价格是 5 980 元,再送给您一台空气净化器。这样的优惠力度除了东方购物哪还有?而且还有一点我们的服务做得很好,因为这款按摩椅差不多有 85 公斤左右的重量,所以在商场买了最多只给您送货送到楼下,如果您需要搬楼上是需要费用的,差不多每一层楼要 50—100 元。重点是我们今天直接送到您府上,送到您家里头,搬楼费我们一分钱不收。所以提醒电视机前的会员朋友,不要错过今天这个难得的机会。无论是自己下班后能有个很好的享受的地方,还是送给自己的爸爸妈妈,所以大家要抓紧时间拨打××××××。

训练提示:

(1)将商品与生活方式结合进行推荐。

(2)在推荐商品时学会与市面同类商品进行比较。

(3)学会"以情动人"。

第二节　数码家电类

数码家电产品是电视购物销售的热门品种。在解说数码家电产品的时候,购物专家特别需要解释清楚拗口的专业术语,以及老年人无法理解的家电运作原理。在推荐一款智能洁身器(马桶圈)时,很多观众会误以为用来清洗身体的水和冲马桶的水是一样,很担心不干净。购物专家就特别解释了产品中含有一个纳米银的过滤棒,这个过滤棒就是用来给水消毒的,因此清洁身体的水和冲马桶的水不是一回事。

在销售数码产品时,数字标注的产品性能和规格往往不能给观众直观的印象,因此购物专家要格外注意解说"数字"的技巧。在销售一款5.8英寸屏幕的手机时,购物专家用了多种比较方法:把手放在手机旁边做比较、把一部5.5英寸屏幕的手机与之比较,让观众更加直接地了解屏幕的大小。为了强调画质清晰,购物专家特意用老一代的产品与之比较,现在的画面更鲜艳、更明亮。老年观众在使用手机时会有一些特别的需求,也需要购物专家格外关注。老年人视力退化,看屏幕上的字会很模糊,购物专家可以多强调产品在使用时字体放大或缩小的功能,吸引老年人购买。

案例1

购物专家(以下简称"购"): 大家好,感谢您关注东方购物,我是您的购物专家雅文。传统的清洁方式,比如说您如厕之后,只能够清洁您表面的残留,但是不能够做到彻底清洁,在今天给大家带来的是更加健康并且更加卫生的清洁方式。来自于韩国原装进口的NOVITA即热式智能洁身器带给大家。也请来了我的老朋友,来给大家打个招呼。

厂商代表(以下简称"厂"): 雅文你好,观众朋友们大家好。很多朋友可能去韩国旅游过,在您住的五星级的酒店或者大型的商场里您可能都见过我们的NOVITA,因为它是韩国原装进口的。它在韩国、日本的普及率是到了100%,相信很多朋友发现您的亲戚朋友家里也装上了。今天这么好的机会您就赶紧下手,不要落后于您的亲戚朋友。

Tip: 开场简明扼要,介绍本档推荐的是来自韩国的即热式智能洁身器。

购: 的确如此,因为对很多朋友来说尤其是有痔疮的或者女生在生理期不舒服的几天,或者家里有老人的、有孕妇的,请您今天一定要来关注我们的节目。我们来看一下,市场的价格原装进口的NOVITA是3 199元,今天东方购物1 898元让您拿回家,同时还要再送给大家一个纳米银过滤棒。所以优惠力度很大,喜欢的朋友一定要来关注下。因为现在是东方购物11周年庆,这个价格已经满足了1100元了,所以您再随便买个东西凑个单就可以参加东方购物好礼三选一的活动。或者选择菲仕乐的锅具或者选择150

元的积分。我们来看一下为什么它在韩国的普及率会那么高,欧美包括日本受到那么多朋友的喜欢?我们来看一下。您看一下多豪华,观众朋友,它是缓降式的。

厂:我们的设计是缓降式的,为什么会有这么好的品质、这么漂亮的外观?因为它是100%的韩国原装进口。而且您发现它是超薄型的,后边没有水箱突起,并且它是即热式的,第一个人和第二个人上厕所之间不用等待,直接出来的就是热水。包括我们的整个喷头是不锈钢的,包括您看到的整个材质是跟您孩子喝奶粉的PP奶瓶的材质是一模一样的,很健康。再来看这边有一个纳米银的过滤棒,在这个地方大家看不清楚,我拿出一个新的来给大家看看。这个纳米银的过滤棒可以用半年到一年的时间。它过滤出来的水是专门帮您清洗私密部位的,所以您不要以为是用冲马桶的水来清洗您的私密部位。

购:告诉大家,如果您家里洗脸盆的出水口没有安装纳米银的过滤棒,您洗脸的水甚至没有咱们今天洗屁股的水干净。

> Tip2:一件商品往往有若干个卖点需要推荐,这些卖点的逻辑顺序如何理顺就非常考验主持人的功力。需要做到主次分明,围绕中心卖点展开。在这档节目中,主持人首先推荐的是洁身器的缓降式设计和纳米银的过滤棒。(卖点1)

厂:这个水就很清洁了,是专门为您清洗私密部位而做的,而且我今天的遥控板特别大,拿出来给大家看看。因为是韩国原装进口的所以上面有标注韩文,但是我们也有中文的解释。您注意看这边有一个儿童的按钮,您看到很多国产的也好、外国的也好,是没有儿童按钮的,只有男士朋友和女士朋友。而我们今天儿童、男士、女士键都有,还有通用的键,我们女士专用的喷头都有并且是不锈钢的喷头;水压三档调节,水温三档调节,圈温也是三档调节。喷头位置也可以更改,这边有个节能键,如果您按下去了它就很节能,您坐上去了它才工作,平时它是不耗电的。

Tip3：儿童按钮。（卖点 2）

购：同时告诉大家，它是双温暖的暖圈暖水，所以说您坐在上面会非常舒服，我手心摸上去感觉好舒服。

厂：特别舒服，温温暖暖的。特别是冬天，您都希望坐上去是温暖的。

购：人体的体温大概也就三十多度，如果是冬天普通马桶圈的温度只有十几度，您坐上去一下子就惊醒了。

厂：但我们的马桶圈您看是 36.5 度，这个温度非常厉害，所以说不管是冬天、春天还是夏天，您坐上去就像接触您自己皮肤的温度一样。老年朋友、孩子您也不用担心他坐上去会冷得一激灵一点睡意都没有了。

Tip4：马桶圈恒温 36.5 度。（卖点 3）

购：我告诉您什么感受啊，就是您坐在上面都不想起来，一直坐着看报纸啦，看看杂志啦，因为它太舒服了。就是接近于人体体温的一个温度。今天不仅暖圈而且暖水，我们今天通过一个实验来证明一下。为什么要用我们的智能清洁器，因为我们传统的清洁器可能不是那么干净，只能够清洁表面的残留。已经有 89 位顾客在订购了。尤其是我们导演说她生宝宝的时候由于分泌物特别多，那个时候就特别容易得痔疮，医生会建议她什么，用温暖的水去洗一洗。得过痔疮的朋友都知道，医生都会建议您去用温水洗一洗。

厂：您平时上完厕所可能是这个情况，看不见了，但是您用最高级的纸您怎么擦您也擦不干净，您以为您擦干净了吗？用力擦到这个褶皱里面就擦不出来了。现在到了春夏季节湿度、温度都特别合适的情况下，细菌在里面繁殖，这个时候它已经没用了。你一定要用到 NOVITA 的暖水暖圈来帮您清洁，速度特别快啊，您看我话都还没有说完就已经清洁好了。关键是您家里装了后，一定不会舍得这么快就帮您冲完，一定是在上面坐个几分钟，在上面好好享受下，清新自然的感觉、如沐春风的感觉。

购：真的是这样，我身边的很多朋友包括我们导演都在用，因为确确实实它会给我们的生活带来很大的享受。而且刚刚我们做的那个实验是为了说明什么呢？我们大家都知道，肛门的位置是比较容易潮湿的，尤其是在夏天温度比较高的情况下，细菌就容易滋生而且是成倍增长。

厂：它不是乘以二，而是几何式的增长。有很多女性朋友她特别痒、特别难受而且有异味，这都是自己知道的苦。不是因为您不爱卫生，而是因为您没有清洗干净，您没有掌握到好的清洗方式。为什么手脏了你不是用纸擦一下就完了而是用水洗呢？您的私密部位也一定要用水洗才能干净。

购：所以说如果您家里有怀孕的、有老人、或者有患痔疮、有小孩子的，一定要给他用到这种即热式的智能洁身器。

> Tip5：热水清洗功能。这款商品的主打卖点是热水清洗，因此主持人花了较多篇幅来推荐。（卖点4）

厂：一千多块钱，全家人每天上厕所都是享受，想想看这笔钱花得太值了。

购：已经有五位朋友订购了。想想看为什么在欧美、在日韩的普及率会那么高？这就是真正的智能的安全的健康的卫生的如厕的方式。今天1 898元带回去的是韩国原装进口的，并且还为您节省了一千多块钱，还可以参加我们东方购物的好礼三选一的活动，所以喜欢的朋友把握住机会了。拨打800-×××-××××，全国用户拨打800-×××-××××！

训练提示：

（1）正确把握商品卖点之间的逻辑顺序。

（2）提炼主要卖点。

案例2

购物专家（以下简称"购"）：各位好，欢迎继续收看东方购物的直播节目，我是奕洋。在这个季节很多人说我要出去了，可是很多人说我没有办法出门。因为我还有很多衣服要洗、很多的家务活要干。今天我们也要跟大家投入到这一件很多主妇都头疼的事情当中。选择一款好的洗衣机有可能就让您的这些问题迎刃而解,今天我们推荐给大家的是西门子的七公斤的洗衣机。我们先请出嘉宾,你好。

Tip1:开场可以有多种方式,尝试帮助观众解决一个难题是不错的方法。

厂商代表(以下简称"厂"):观众朋友们大家好,很高兴今天来到东方购物给大家带来这一款七公斤的洗衣机。就像主持人说的,夏天了,我们有很多衣服要洗,所以选择一个大容量的洗衣机是这个季节必需的选择。

购:没错,今天我们给大家带来的洗衣机是七公斤的,但您看,在我们身边不会感觉到这一款是七公斤的,因为您看它的高度只到我们女孩子的一半身高都不到。今天这款洗衣机它的宽度是60厘米、深度是56厘米、高度是85厘米。今天我们这款洗衣机其实是七公斤的容量,七公斤什么概念?这已经成为我们市面上最主流的洗衣机了。这些洗衣机只要外观合适的话,尽量买大一些的。

Tip2:数字对观众来说太抽象,主持人把高度56厘米这样的数字转换成"女孩子身高的一半",更加直观,利于观众想象。

厂:买大不买小,因为考虑到洗床单一些大的物件,大容量的洗衣机更好一些。

购:大家来看这边,会看到这个功能方面,西门子一直都是做这些精细和高端的、细分的。我们首先会看到有快洗的程序,最快15分钟洗好,对于比较忙的人来说,早上洗脸刷牙的时间您就可以把衣服洗完晾好了。

我们有看到很多朋友可能还穿着薄羽绒服,这个时候洗羽绒服就特别重要了。有了我们这款洗衣机的"羽绒洗"的功能,您再也不用把羽绒服拿出去干洗了。大家有看到我们的"羽绒洗"还带有一个30度加温的设计,可以把羽绒服上的顽固污渍都洗得很干净。

接下来还有一些单独的功能方便您更好地去洗涤。比如我们穿的羊毛衫在清洗的时候会有专门的"羊毛洗",轻柔对待我们的衣服。

旁边会有一个大大的液晶屏幕。所以今天这款洗衣机是秉承了德国人一贯的作风,简洁而有效率,当然在功能上的选择我们也是做到了一个尽量的细分,体现了我们西门子的专业程度。而我们的整个内桶也是非常干净的感觉。整个内桶都是用的德国进口的不锈钢板,所以完全不会损伤我们的衣服。可能很多洗衣机都是用到了钢材,但我们今天用的这个会更厚实、更光滑,结实程度也更高。需要注意的是,您拿到洗衣机后,外箱上有一点表明我们完全符合国家最新能效标识的一级能效。虽然它是七公斤的,虽然它有很多很多的功能,但是它每一次洗都要比以前的老洗衣机更省钱。现场给大家简单看过这个洗衣机之后呢,我们要给大家做一些小小的对比。我们的声音比较轻,整个转起来的感觉也比较流畅,我们来请嘉宾过来给我们操作一下。

Tip3:推荐的逻辑顺序为:超快洗——羽绒洗——羊毛洗——光滑内胆。

厂:我们这个是滚筒洗衣机,因为很多人还在用涡轮洗衣机,他不知道滚筒洗衣机有什么好处。我们可以来看一下滚筒洗衣机的运转方式,我们在里边放两个小球。我们启动起来以后可以看到这两个小球是在里边做一个旋转运动。摔打式的感觉,起到一个手洗的作用,就是这样好。

Tip4:用通俗的语言外加辅助手段解释滚筒洗衣机的运作方式。

购:因为六公斤您也可以洗四件套,什么都可以洗了,但是六公斤的内桶口径就会小很多,所以洗衣过程中只能通过水流来让它免于褶皱。而七公斤它的口径更大,摔打的过程中延展的空间也就更大。

厂:空间更大您清洗的衣物可能也就更加干净。我们这边有一个排水的过程,等里边有水以后我们就可以看到小球在里边运动的轨迹了,并且它的容量是非常大的。

购:那么我想问一下,我们今天的价格现在看到的是 3 190 元。这个价格对这台七公斤的洗衣机来说怎么样?

厂:我们市场价这一款是 3 590 元,是没有打折活动的,但因为我们和东方购物是特殊合作,今天是 3 190 元的原价。可以以旧换新抵两百块钱,只需要 2 990 就可以拿下这款产品了。另外还会送给大家一个价值 598 元的电水壶,同样是西门子的品牌,并且这个电水壶是玻璃的,煮茶、煮水、煮咖啡都可以。

购:因为是玻璃的所以煮任何的东西都是可以的。那我想问一下,今天的价格是没有任何优惠的,可是马上就要到"五一"了,很多朋友会说我到商场里去还一下价,那"五一"我们的价格怎么样?

厂:其实大家知道,像我们这种商品可能淡季的时候比较便宜,像现在正好旺季,马上"五一"了,它的价格会上涨。感觉各家商场都在打折做促销,其实打折下来的价格是没有我们今天便宜的。

购:这也是跟大家分享一下心得,因为像"五一"、中秋这样的节日我们看到很多商场会有折扣,但除非你自己很熟悉每一款机型的价格,因为比如"五一"其实价格上浮了,但是商场再做一个打折,虽然打了七百八百,但是它的价格其实上调了五百六百,像这样的一个效果呢,其实就不如今天在我们东方购物直接买合适了。况且您今天要的这款七公斤我们就是给您这款的优惠,如果是门店的话,可能您看中的那款机型已经没有了。

厂:尤其到了"五一"的时候,因为我们西门子销量很大,可能供货不足,但是今天您在东方购物直接订购是有货源的。

购:马上有货源马上送,时间长的话也可以为您等待。但是到商场里就不一样,他们就是三天内订购三天内配送,如果您不愿意等待的话直接就给您取消掉了。或者说您先订了,但物流可能要三个月配送,甚至要四个月配送。尤其是一些新结婚的朋友,家里是没有洗衣机的,可能就成了非常头疼的事情。所以我们今天说能以一个"五一"都拿不上的价格,又能够拥有东方购物独一无二的送货渠道、独家的配送服务,而且今天还有这么优惠的以旧换新,真的是太优惠了。喜欢的朋友可以拨打电话来订购,同时我也要提醒大家,我们今天12频道的抢红包活动仍然在进行当中,千万红包的金额每天都有派送的。每位朋友都有两种方式参与,第一种方式就是扫二维码;第二种更方便就是不管您订购与否,直接打我们的免费订购热线进来,根据语音提示来进行一步一步的操作,你直接输入我们12频道正在直播商品的货号就可以抢到红包了,最高金额达到了1 200元,关键是您什么都不用买红包免费抢,最高还有1 200元,真的很划算的。所以在"五一"的时候,谁说我们东方购物没有大庆典,真的是又逢生日又逢大庆典,给您的是最好的实惠。大家抓紧时间,全国用户800-×××-××××,手机用户021-5111-×××。

训练提示:

(1)用直观的方式解释商品信息里的数字。

(2)用通俗的方式解释商品的运作原理或运作方式,并设计现场实验。

第三节 珠宝首饰类、收藏品类

珠宝首饰、收藏品的价格相对较高,在短短40分钟的节目里,让观众购买少则几千,多则几万、几十万的商品,的确不是一件容易的事。如果说几十到几百元的家居类商品,观众在下单时还不会太犹豫,那么购买珠宝和收藏品时,观众则会谨慎得多。电视购物并不是最流行的购买珠宝和收藏品的渠道。原因在于普通消费者对珠宝首饰和收藏品自身的特性,并不具备鉴定能力,不了解行情以及商品优劣的鉴别方法,会增加消费者做决定时的心理阻碍。购物专家(主持人)在节目中需要用专业知识教会消费者辨别真假和优劣,打消消费者的顾虑。

珠宝首饰和收藏品都是专业性较强的商品,对购物专家在各自领域的专业知识要求非常高。珠宝首饰大致有几个门类:珍珠首饰、玉石首饰(主要是翡翠与软玉)、宝石首饰(主要有钻石、红宝石、蓝宝石、祖母绿等)。

首饰的类型涉及戒指、手镯、手链、项链、耳环等。购物专家在推荐珠宝首饰时,要了解珠宝鉴别与挑选的技巧,比如内部霜状结构的是翡翠,絮状结构的是软玉。其中翡翠又按照品质分为若干个级别,最好的是俗称"老坑种"的原石,又称"玻璃种",质地水润有光泽,透明度高。而珍珠又分为海水

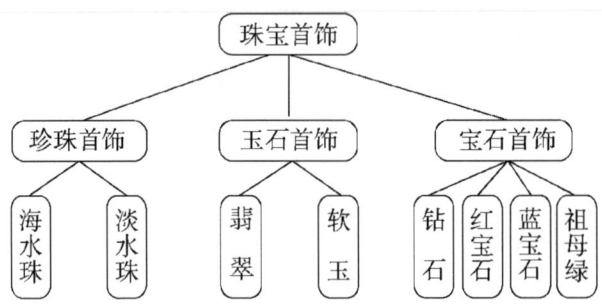

珠和淡水珠,价格有较大差别。珍珠也按品质分为若干个级别,圆润洁白有光泽且个头大的是上品,行内称"七珠八宝",直径 8 毫米以上的就是珍宝级的珍珠。而在宝石的销售中,最常见的是钻石。钻石的等级根据 4C 的标准而定制:重量 carat、颜色 color、净度 clarity、切工 cut。通常级别越高,钻石售价也会随之水涨船高。

收藏品可划分为人文历史类、艺术历史类、自然历史类、科普历史类等。其中人文历史类包括民俗用品、民间手工艺等;艺术历史类有书画、雕刻、茶具、烟具等;自然历史类指自然界中各种天然形成的标本、原石等;科普历史类包含钟表、藏酒等。

收藏品的购买者主要为成功人士、退休老干部等,购物专家要把握消费群体的心理特点来进行恰当引导。这一群体的人大多用收藏品来体现人生价值、实现自我,并且对收藏品有一定的了解,主持人在推荐时需要具备相关的知识储备,才能说服懂行的消费者。东方购物的高黎是一位销售收藏品较有经验的购物专家,她形象精干、沉稳老练,对收藏品有比较深入的了解,可以称得上是收藏界的半个专家。在她的节目中,观众不仅能了解到商品的功能、价格这些信息,还可以对收藏品的来源、价值有一个全面的了解。

案例 1:一时道场"大生式四方竹鼎"紫砂壶(片段)

高黎(以下简称高):大家好,这里是依然为您直播的东方购物,我是高黎。说到"大生式四方竹鼎"紫砂壶呢,民国时就流传这样一句话:"千金易得,大生壶难求。"因为在民国时期就有人愿意用重金来买一款范大生的紫砂壶。那么今晚呢是由 2007 年宜兴紫砂手工大赛的大奖得主唐红平老师

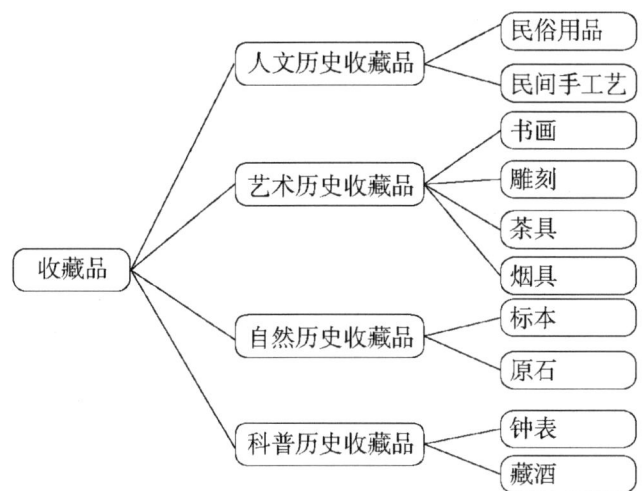

为我们亲手再造的一把四方竹鼎的大生壶。电视机前所有喜欢紫砂壶的朋友们都不要错过了。今天请来了大纲和我们一起分享。

大纲(以下简称大)：大家好，大生壶呢在紫砂界可以说是赫赫有名的，是范大生的成名之作。那么目前这把壶呢收藏在中国紫砂博物馆。

高：既然说到紫砂博物馆啊，那它里面的每一把壶都可以说是赫赫有名。大家隔着玻璃可以看到这把壶(展示壶的陈列图)，制作这把壶的人就是范大生，太传奇了。说到紫砂呢，可能好多人说，我听说过顾景舟、朱可心，还有汪寅仙，都是紫砂界的大师。但是您知道吗？在紫砂七老之前，还有一位一代宗师，他的名字就叫范大生。

大：是的没错，范大生我只要说几个事情你就知道了。范大生是民国三大紫砂公司宜兴利永陶业、吴德盛陶号、上海铁画轩陶器公司的"头牌师傅"，当时顾景舟还只是个学徒。

高：大家看图片上范大生手上的壶就是我们今天的"大生式四方竹鼎"紫砂壶。为什么他要拿这把壶而不拿别的壶呢？

大：他精心创作的这把壶和大型陶塑"雄鹰"在1935年的英国伦敦艺术博览会上获得金奖。所以他的这幅画像里，他手里拿的是竹鼎壶，后面就是雄鹰。

在节目开始的部分，主持人用了较大篇幅介绍了范大生在紫砂壶界的地位,借以证明"大生式四方竹鼎"紫砂壶是经典之作,拥有一把这样的壶是很多藏家梦寐以求的事情。

案例 2

购物专家(以下简称"购"):好享购物品质生活,感谢各位的关注。您现在收看的是好享购物频道正在进行的现场直播,我是您的购物专家雪锦,问候全国的会员朋友。今天的日子非常特殊,节目也非常特殊,是好享购物联合大家非常喜爱的珍珠品牌安妮珍珠共同为您带来的原产地直通车两地大直播的特别节目。所以今天我们也是为大家带了非常好的商品,当然还有很好的价格组合。同时现场我们也是为您请到了来自于安妮珍珠的品牌代表吴丽女士,欢迎您的到来。

厂商代表(以下简称"厂"):主持人你好,电视机前的观众朋友们大家好。今天我作为东道主来到咱们的好享购物,我会给大家分享最好的商品,并且会给一个非常实在的价格,希望电视机前的女性朋友,有珠宝梦想的您千万不要错过。

购:现在我们的现场主持人一鸣和安妮集团的董事长安妮女士已经到达了浙江省诸暨市安妮集团总公司的旗舰店,正在那里等待着大家,我们就把镜头切换到那边。一鸣你好。

外场主持:雪锦好,好享购物的会员大家好,我是各位的购物专家一鸣,问候各位了。其实呢在国际珠宝界当中有一句佳话,同时也是一句至理名言:世界珍珠看中国,中国珍珠看浙江,浙江珍珠看的就是诸暨了!今天一鸣带领大家走进浙江诸暨的山下湖产区共同感受珍珠的魅力。在我身后的这个建筑就是华东国际珠宝城,85%的淡水珍珠都是从这里出去的。提到珍珠的大品牌当然不能忘了安妮珍珠,首先有请安妮珍珠的董事长安妮女士给大家问好。

安妮:一鸣好,全国好享购物的会员大家好,我是安妮,在这里给大家问好。今天非常开心也非常荣幸,一鸣带着这么多的会员朋友来到我们浙江诸暨山下湖,而我们山下湖最大的特产就是珍珠,因为这里的气温特别适宜,水质特别清澈,所以我们的珍珠品质非常好,又圆又大又亮。今天我们共同给大家分享到的珍珠套组,也是特意给好享购物的会员朋友备的货,是独供的一个组合,希望大家能一起来分享。

外景主持:接下来我们就一起走进安妮珍珠的旗舰店,共同感受淡水珍珠之魅力。

购:好,非常感谢一鸣,也谢谢安妮珍珠董事长为我们带来的消息。我们可以看到在诸暨,可以说是珍珠的故乡,有句话说得好:世界珍珠看中国,中国珍珠看诸暨,诸暨现在已经成了中国最大的淡水珍珠的产地之一。所以我希望今天大家能有一个很大的惊喜。

厂:我告诉大家,今天这个惊喜一定是让您买得开心,而且这个惊喜是前所未有的。所以电视机前的会员朋友这一档您真的不要错过。

购:好的,赶快让我们来关注下今天的商品信息。再次要感谢大家了,您现在所看到的是由好享购物频道和安妮珍珠共同给大家带来的原产地直通车。今天的这一站我们是来到了珍珠的故乡浙江诸暨,给大家带来的这个品牌是已经具有50多年历史的安妮珍珠。其实安妮珍珠从安妮的爷爷辈到父辈到安妮董事长本人三代传承,三代都在用心地做珍珠,所以说安妮这个品牌不管是在浙江当地还是在全国已经有了自己大批的客户,甚至在国外也有了自己的客户。今天好享购物给大家带来的这一款珍珠项链,正是由安妮珍珠精心为大家挑选出来的,每一颗的品质都值得大家去拥有,而且是经受得起大家挑剔的眼光的。

厂:没错,安妮珍珠50多年来都秉承着一个理念:我们要做最优质的淡水珍珠。每一颗珍珠都是精挑细选的。很多电视机前的会员朋友可能知道在哪里买珍珠,却不知道怎样去挑选好的珍珠,那今天我就来教给大家,我们安妮珍珠到底在做什么样的珍珠。您可以看到我手上有一本书它就叫作《珍珠》,专业人士都会以它为标准来购买。首先呢我们看到,很多人在买珍珠的时候第一个要看的是珍珠的大小,珍珠以圆润、大、饱满为贵。您可以看这个地方,我们都说七珠八宝,七被称为是珍珠当中的上好品,八就宝贝级别的了,比如说在市面上 8—8.5 毫米的是大而奢华的,是相当少见的,很受品位优雅成熟女士的喜爱。那如果我想再豪华一点儿、再奢侈一点儿,我们安妮珍珠主要做的就是 9—10 毫米的珍珠,这种珍珠是堪称完美级别的珍珠,也是世界珍珠当中的奢侈品。那如果您想买到 10 毫米以上的,这是属于我们安妮珍珠当中的收藏级别,这在市面上是相当难见到的,而且是最大规格的,是每个女人的梦想。那今天我来到好享购物,我给大家带到的就是珠宝当中梦想级别的。

购:也就是说大小达到了 10 毫米以上,10—11 毫米。这个大小在市面上可以说不是想买就能买到的。

> Tip1:教会大家如何区分珍珠的品级,7 毫米为上品,8 毫米较为罕见,9—10 毫米是奢侈品级,10 毫米往上的就是收藏品级。

厂:甚至有的时候您要到一些拍卖会才能够看得到。

购:所以我们赶紧来看一下今天我们给大家带来的珍珠项链,真的会惊艳到大家。来,不要眨眼睛,看看美不美?

厂:当初在设计的时候我就说要它成为所有女人的梦想,让它像戴在奥黛丽·赫本脖颈间一样美丽,让您拥有这种感觉。

购:首先来看到,咱们这个珍珠第一个感受就是每一颗都好大。刚刚已经告诉大家了达到 8 毫米级别的珍珠已经是宝贝级别的了,但是我们今天是超越了 7,超越了 8,甚至超越了 9,我们达到了传家宝级别、奢侈品级别的 10—11 毫米。什么叫作奢侈品级的项链,您可能花了非常高昂的价格去买了一个爱马仕的包包那是奢侈品,您斥巨资去买了一辆超跑那是一件奢侈品,同样当您拿到一条有 10 毫米以上珍珠打造的珍珠项链的时候,您又拥有了一件奢侈品。我们不仅仅只是大而已,再来看到它的形状,每一颗都非常漂亮,因为它的形状达到了近圆形,所以看上去珍珠就显得珠圆玉润,非常非常可爱。其实 90% 的珍珠在生长的过程中就像树的年轮一样,珍珠会有生长纹,这个很难去规避,所以十颗里边至少有九颗都会有生长纹。但是今天我们的每一颗，给各位看到，一点儿生长纹都没有，而且肉眼看几乎无瑕。每一颗都光亮可鉴，每一颗都光彩照人。咱们有个词叫珠光宝气，"珠光"说的就是珍珠的光芒。所以您看到了没有，每一颗都达到了极强光，就好像是一个个正在发光的小灯泡一样，非常非常漂亮。

Tip2：用光亮可鉴、光彩照人、珠光宝气这样的成语来形容珍珠的光彩夺目；又把珍珠比作发光的小灯泡，如此巧妙的比喻，让消费者很难不心动。

这一整串45颗以上，找一颗容易，找45颗全部达到同级别的就很难了，所以我们在市面上可能真的很难见到这种珍珠项链。比如说我们现在看到的这一条，这一条可能很多小女孩会做流行饰品来佩戴。但是它的直径非常小，大概只有4—5毫米，而且它的形状呢还不够特别规整，1180元！一千元左右戴着玩是可以，但它绝对不是宝石级别的，这在我们安妮珍珠它只能做配珠。再来看这一款，这一款它的大小有一些不一样，因为所有的珍珠要选它的光泽度、圆润度大小都一样实在太难了，而且它不是圆形的是长条形的，就好像大米的米粒一样，像这个它的价格是三千多元了。而且大家看它表面是布满了生长纹的。接下来我们再来看这一条，这一条我觉得比之前两条好看很多，但是它有一点扁，我们把它叫馒头状珍珠，这种珍珠它的形状不够圆润，珍珠以圆为贵，所以它的价格也会有一定的浮动和调整，在我们专柜里要卖到8800。那如果说想要到更好一点的，像这一款大了很多，颜色也澄净了很多，但是我发现它有一个致命的缺点，就是它缺乏我刚刚说的珠光，表面雾蒙蒙的，被什么蒙住了一样。这就是珍珠生长的水域受到了一点污染，所以这一款的价格是5800，可见珠光对于珍珠有多重要。大小、形状、珠光缺一点儿都会严重影响一条珍珠的价值。可是即便如此这两条的价格也已经达到了数千元了。今天我们的珍珠项链如果要跟它们比的话，到底会有怎样的差别？大家来看一下，单看您可能看不出来，这样一对比，我们的安妮珍珠颗颗饱满，它的光泽度是极强的，而且每一颗都是10—11毫米，是精挑细选的。

厂：没错，我们要选出这样一条项链可能要花一年的时间。

购：所以说这一整条真的是太漂亮了。我说了，好的品质好的品牌，每一个小的细节都不会放过，都帮大家把美留住，所以在整个项链链扣的部分，独具匠心地设计成了一枚花型的款式，而且它整个底部是镂空的，花的造型也充满了立体感，上面满满地镶嵌着金钻，中间还镶嵌了一颗直径达13毫米的大颗珍珠，非常漂亮。所以说今天这条项链您不仅可以像我一样拿个素珠款佩戴，一件普通的黑衣服佩戴上珍珠项链后马上就不一样了哦。再来，我们还可以把项链扣侧过来戴。

厂：侧戴也很优雅的，像别了一个小别针一样。而且我第一眼看到主持人今天这种装扮会觉得是奥黛丽·赫本亲临现场了。

购：您看还可以转到前边来戴，是不是也很不错？隆重的场合您穿晚礼服这样戴，您绝对是艳压群芳的那一个。所有女人都无法忽视又大又圆又亮的珍珠所给我们带来的吸引力，所以我说了，今天的这条项链绝对值得拥有。我相信大家现在最关注的就是价格了，像这样一个大小的珍珠单颗的在市面上已经非常昂贵了。

Tip3：女人买首饰的时候会很关心搭配的问题，是不是能够适合不同的场合。主持人在节目中不厌其烦地帮观众搭配，不管是单独佩戴、侧戴还是前戴，不管是搭配普通的黑色衣服还是晚礼服都非常适合。帮助观众想象自己佩戴着项链出席正式的场合，能够吸引全场的注意力，这样的诱惑恐怕很少有人能够拒绝。

厂：我想告诉大家的是，像这样的珍珠我们要到市面上购买的话，它是属于拍卖级别的。比如说呢我可以在这里给大家分享一下，像这样的珍珠在2014高级珍珠拍卖会上，这样的素雅的珍珠，它上面可能没有金钻，也没有漂亮的链扣，但是它拍下来的价格是8万到12万港币。

购：所以说今天这个价格大家就非常值得期待了。

厂：大家是在想会不会要五位数。

购：今天这个价格是您来揭晓还是安妮董事长来揭晓？

厂：今天这个价格由我们的安妮董事长来揭晓。既然董事长都出现了，这个价格一定是非常劲爆的。

购：相信我们的安妮董事长已经等了很久了，接下来让我们的导播把镜头切到安妮珍珠旗舰店的现场。

外景主持：全国的好享购物的会员大家好，我是您的购物专家一鸣，今天非常开心来到了我们浙江诸暨山下安妮的总部，这里富丽堂皇，这里是安妮的贵宾厅。安妮董事长也说了，好享购物的500万会员朋友也是安妮珠宝的VIP，所以今天我们把场景放在这里做一个展示。其实说到梦想级别的珠宝，我们可以跳过那些杂志，直接来看一个年鉴，告诉大家一个公正的价格，我们可以看到一颗独珠的戒指就要3 250，换一种镶嵌方式还是3 250，说明价值是很高的。

安妮：因为在市面上达到10—11毫米的都是用来做独珠的戒指、独珠的吊坠的。

外景主持：如果串成串珠项链呢，那价格就非常不菲了，价格很公正地摆在这里，二十几万的拍卖起始价。其实拿到现场呢，一鸣第一眼就爱上了主商品，真是众里寻她千百度，它就在安妮的展柜当中了，我很想问这个价格。

安妮：其实刚刚一鸣，在我们安妮的旗舰店里它静静地躺在那里，它的价格是12 800元。

外景主持：相对于市面拍卖的价格其实已经很公道了，但今天这么好的一个活动，我们全体好享购物会员走进诸暨，走进安妮珍珠的总部，您总不能让我们失望而归吧？

安妮：所以在这里我也不卖关子，我非常真诚地告诉大家，这一款在我们专柜的价格是12 800元，但今天既然好享购物500万会员来到了我们安妮总部做客，我给到的价格一定会震撼到你——1 080元！

外景主持：这不比你专柜上的一折还要低吗？

安妮：当然！今天除了低于一折的价格之外，我还要额外再做九折的折扣，972 元！

外景主持：您确定吗？我真的不敢相信，非常漂亮的一款珍珠，我们把它翻动开来，太美了！收藏级别、梦想级别的大小，而且不少于 45 颗。如果单独的一颗达到了梦想级别没什么，可我们 45 颗颗颗都是这样的，满含的诚意以及送给大家的吊坠也非常漂亮，价格竟然不到一千块钱！把握住机会，今天确实难得。

安妮：今天做到一个最低价，原产地特供价。额外我也带了非常真诚的礼物，是我们专柜非常热销的一个套组，独珠的耳钉吊坠和戒指。这个款式非常大方，是戴安娜王妃的同款，大颗珍珠身上文上施华洛世奇的水晶，让您脖颈之间、手指之间全部散发优雅的光芒。

外景主持：三件套送给各位了，谢谢安妮！

安妮：除了这个三件套之外我还有礼物，花开富贵的一个独珠吊坠，一年四季都可以佩戴。独珠的大吊坠 11—12 毫米，真正拍卖级别的收藏品，专柜价格 998。

外景主持：机会真的是太珍贵了，首先要感谢安妮。

安妮：一鸣还没有完。另外一个礼物我相信所有的会员都会爱不释手，这是预售的一款。所以今天带过来的数量并不多，只有这几个而已，是花开富贵的造型，非常漂亮。

外景主持：非常灵动漂亮，家里有小宝贝的话可以送给他。当然今天六件单品加在一起的价格竟然不超过一千块。各位抓紧时间赶快行动吧！

购：好的非常感谢一鸣，也谢谢安妮女士。这个价格真的好惊喜，我都没有想到。

厂：我跟大家讲，今天这档节目我非常感谢董事长为我助阵。如果不是董事长的话，这样的组合、这样的价格，我真的拿不到。

购：这个价格我真的没有见到过，972！当然如果错过我们今天这样一个价格，错过我们今天一个两地大直播的话，以后真的不会再有了，我们的电话线马上就要满线了,赶快加油打进电话,加油下订单吧!

训练提示:

(1)用五个成语形容首饰的外观。

(2)学会区分珍珠或宝石的等级。

(3)设计一款首饰的三种搭配方式。

案例2

购物专家(以下简称"购"):东方购物直播继续,大家好我是姚汾。在我们东方购物有很多产品,只要是热卖的产品呢您会发现每周或者隔几天就会再直播一次。但是有一种产品,我一定要跟大家说一下,就是今天给大家带来的琥珀、蜜蜡这样的产品,两个多月了没有来做直播。它其实是非常热卖的一种产品,但是它备货实在太难了,就像大家常说的一句话,千年的琥珀万年的蜜蜡。真的是非常难得,而且在市面上大家去买蜜蜡的话都担心一点,它是不是真的,它的产地是哪的? 没有人会告诉您,但今天东方购物会给您出具鉴定证书,来证明是来自波罗的海的真真正正的蜜蜡。所以说千万不要错过这次机会,节目现场我们请到了我们的老朋友,欢迎您大纲。

厂商代表(以下简称"厂"):主持人好,观众朋友们大家好。大家都知道蜜蜡是世界三大宝石之一,成型于 4 千万到 6 千万年之前。单单这个年限、这个数字就告诉我们,它是不可再生资源。

购:没错,先来看一眼啊,我个人就非常非常喜欢蜜蜡、琥珀这样的产品。我自己其实有好几串手链,平时经常戴的。知道的朋友今天有价格有鉴定证书自己肯定会买。但是,听说过但是又不是特别了解的朋友呢我们今天来共同了解一下,什么叫作蜜蜡。首先先跟大家讲,在全世界范围之内还真不是说,您说哪产就哪产的。其实不是这样子的,在全世界范围内其实只有很少的几个产区,波罗的海产区、罗马尼亚产区、西西里岛产区、多米尼亚产区,就这四大产区。波罗的海产区的品质是上乘的,范围也是最大的,它基本占据了80%的产量。但您不要说,那是不是就很多了?我跟您讲简直是太少了!首先来跟大家讲的就是来自波罗的海的。大家来看一下,这个是有进出口海关报关单的,起运国来看一下,是俄罗斯联邦,所以我们这个就是来自于俄罗斯联邦的。最关键的来说,目前我们想进口,对不起不允许了。为什么琥珀的价格在疯长?因为俄罗斯禁止琥珀原石出口。什么是琥珀?透明的可以称之为琥珀,如果是半透明的或者不透明的就是我们所说的蜜蜡,万年才能产生的蜜蜡。最关键是说80%来自波罗的海,从2014年年底就不允许出口了。俄罗斯总统普京亲自签署了文件,禁止出口到任何国家。

Tip1:告诉观众蜜蜡价格高居不下的原因:俄罗斯限制琥珀原石出口。从原材料的角度解释了商品为何如此珍贵。

所以说您现在拿钱买都不一定买到真正的蜜蜡。而我们今天给大家带来的进口报关单上就有显示到了,并且我们今天还有鉴定证书。大家来看一下,我们这一串是血珀,重量的话我们每一个保证在7克以上,今天的蜜蜡一定保证在9克以上。这个都是完全有保证的。说到这个有保证,给您称一下看看,来称一下这个蜜蜡的重量,要一万年前才可能产生。这个有多重?

厂:这个已经有14克了啊。这串有18颗。

购:买蜜蜡的人都知道啊,这个蜜蜡是每一克都算钱的,跟虫草一样。它的价钱其实已经远远超过了黄金的价格。再来看一串啊,这一串是10克,我们是保证大于9克。所以说每一克都是钱。再来看这串血珀,这串血珀我们保证的是大于7克,现在来看是9克。所以这个都有保障的,有鉴定证书带给您。大家又要问了,这个血珀到底是怎么一回事儿?它基本是在恐龙时期的时候,这都多少年了。它是一定要松树的松汁落下来落到了土地上,它如果是卷杂了植物花朵那就是花珀,如果包裹了虫体那就是虫珀,但是我们今天的是完整的蜜蜡,这是一件很难得的事情。您想一下这是大自然的瑰宝,一亿年的时间才可能形成出来的。

所以您来看一下,这个市面上基本上有好几种,比如说透明的,比如说这一串跟之前的蜜蜡比起来的话,最起码它能保证是天然的。在市面上是天然的还是仿冒品我们真的很难说,这串蜜蜡是透明的。但真正上乘的金字塔尖上的就是我手中拿到的完全不透明的鸡油黄的蜜蜡。我们今天颗颗都保证到了鸡油黄的蜜蜡。

厂:再来看这个,透明倒是不透明了,但是会发现上面多多少少会有一些杂质。包括还会看到一些裂纹存在。

购:这个的话品质上就缺失了很多。但是这一串我们再来看一下,不懂的人拿它当老蜜蜡卖给您都是有可能的。颜色是呈现出了老蜜蜡的颜色,但其实它是什么您来看,它是用蜜蜡粉压制而成的,市面上没有办法保证每一颗都是天然蜜蜡。而我们今天带给大家的保证颗颗蜜蜡的同时,设计上也非常好看。您来看一下啊,我们今天带来的蜜蜡每一颗都是鸡油黄的,来看一下底下除了有一颗大的鸡油黄的蜜蜡之外,还包括有珊瑚、有血珀、有青金石,还有非常流行的莲花造型的铃铛。我们今天把配饰当中的元素都给您带去了。我们知道在蜜蜡当中有血珀、虫珀等,我们今天给您带来的就是血珀,血珀当中有蜜蜡,蜜蜡当中有血珀。你中有我,我中有你,所以两串配搭非常好看。所以说今天五千多您带走的不是一串而是两串,这个价格真的是已经太低了,而且我们今天还有赠品送给大家,一条项链吊坠,非常好看。这个吊坠是送给大家的,它是一个花的造型,在夏天配搭衣服的时候是非常雅致的。颗颗保真,在市面上好的鸡油黄蜜蜡一颗都在 1 000 元以上。

厂:所以我们今天保证在 9 克以上呢,单单鸡油黄蜜蜡的价格就已经在 9 000 元以上了。血珀呢基本上都在每克 500 元左右,所以今天 7 克就已经是 3 500 块钱了,两个一加已经将近一万了。

购:但是今天,5 000 多块钱我们就可以把两串带回去。现在到夏天了,我告诉大家,基本上手一伸出来都要搭配点儿配饰,如果您戴的是血珀或者是鸡油黄蜜蜡的话,最能显示出您与众不同的气质,因为真的是千年的琥珀万年的蜜蜡,(它们)是在大自然当中形成的。现在有两位朋友已经成功订购了,大家真的要抓紧时间,因为下一次真的不知道什么时候了。所以抓紧时间抢线,我们除了每一颗保证真实之外,还有鉴定证书给您,所以建议您抓紧时间来抢线了,800-×××-××××,021-511-××××。

训练提示:

(1)尝试从两个层面来说明某种宝石的珍贵。

(2)说服观众认可蜜蜡的高价。

第四节 其他类

随着电视购物产业的发展,越来越多的产品登上了电视购物的平台,这些商品很多是在实体商铺或者电子商务平台很难见到的,但是在电视购物的平台却获得了极大的关注。有清洗空调、抽油烟机的专门服务,也有月子中心的产妇婴儿护理套餐;有价值百十元的车载电器,也有几千万一套的江景豪宅;有结婚的婚车租赁服务,也有价格不同的各种汽车销售;有国内外旅游专线,还有量身定制的保险套餐。总之,只有想不到,没有买不了。

案例1

购物专家(以下简称"购"):问候全国的观众朋友,大家晚上好,非常感谢您能够关注东方购物,接下来的30分钟里,丹丹将和大家一起关注法意瑞的旅行。法意瑞的旅行我们做了三年,可以说非常成熟了。那么站在我身旁的是我们的嘉宾杜叶,来给大家打个招呼。

厂商代表(以下简称"厂"):大家好,我是东湖国旅的杜叶。

购:今天我们推出的两个团分别是9月26日和10月1日,请大家关注。直接对接的就是您的中秋假期和十一假期,让您充分享受到长假带来的快乐,您可以到法意瑞过中秋、过十一。这样的行程的市场价是 26 800 元/人,而今天在东方购物,只要 24 800 元/人。这个市场价还在不断往上涨,可以说是一天一个价。如果您计划在中秋、十一带着孩子、带着老人,去欧洲转一转的话,这个团就最适合您了。

因为我们节目只有短短的 30 分钟,而我要把所有的内容都告诉大家,可能我的语速会有点快。我们今天的两个团,只有 60 个名额,名额非常紧张。如果您有这方面的想法的话,您什么都别管,赶紧打电话先把名额定下来再说。只要您没有交钱,在这之前,您随时可以退订,没有任何的损失。如果签证办不下来(当然签证没有办不下来的),会全款退给您,所以一定要先把这个名额抢下来。我们这个价格里包含了所有吃住行、小费、签证,包括全程的 wi-fi,包括欧洲最高峰——少女峰。那我们下面就先去法国领略一下。

(播放小片)

购:感谢大家回到节目现场。我们的电话已经全面爆满了。大家刚刚在小片里看到的这些法国的景点,像埃菲尔铁塔、凯旋门、塞纳河,我们的行程里全部都包含了,所以说非常非常难得。另外特别提到的,购物的 Foxtown 这个地方,并不是大的旅行团都会去的,它在瑞士境内,是当地人爱去的地方。那里品牌很多,货非常齐全、非常新,是欧洲境内一家著名的奥特莱斯。您在 Foxtown 不仅可以享受到低价,还可以享受到最新的款式。最重要的是,现在的欧元汇率,像今天是 6.9,原来是 8.9,现在不知道便宜了多少! 购物超级划算! 下面要带大家去的是意大利和瑞士,在那里依然有无数迷人的风景在等待着您!

> Tip1:在节目里主持人提到的第一个行程不是景点而是购物中心,体现了主持人对观众消费心理的精准把握。欧洲游不同于一般的国内游,在国内旅游时,如果被带去购物中心,游客是非常不满的。而去欧洲的游客多半是冲着购物去的,国外的商品价格便宜、款式新颖,游客不仅自己买,还要帮亲朋好友买,所以 Foxtown 非常具有吸引人,成为主推的卖点。

（播放小片）

购：我们和大家一样啊，真的是流连忘返。这是三年前我们一起出去外拍的，现在回过来看，这些景点依然这么经典，您如果去欧洲旅游，这条线路真的是经典当中的经典。我们可以非常自信地告诉大家，我们的路线是非常合理的，从罗马出发，经过比萨看著名的斜塔，再去佛罗伦萨，经过威尼斯、米兰、Foxtown，来到瑞士境内的琉森，再去少女峰、弟戎，最后到达巴黎。因为不走冤枉路，使得我们的行程是那么悠闲。市面上其他的行程都非常赶，我们的行程非常轻松，可以有坐着休息、喝咖啡的时间。

Tip2：线路经典，行程悠闲，不用因为赶景点而步履匆匆，适合老年人出游。

我们的行程里餐饮也是高品质，在巴黎有三道式西餐，威尼斯有墨鱼面套餐，米兰有三道式西餐，佛罗伦萨有牛排餐，四次特色大餐。全程入住四星酒店，我都替大家住过，很干净。

Tip3：食宿高品质

六大景点像巴黎老佛爷百货、春天百货、米兰名品街、Foxtown 奥特莱斯，全程尊享免费移动 wi-fi，边走边拍，边发朋友圈。所以说我们这个行程，如果您还没有去过法意瑞，或者您去过了，但是中秋、国庆想带着爸爸妈妈再去感受一下的话，那这个团真的没得挑了。如果您自己没法去，但是想尽一下孝心，那就给爸爸妈妈报这个团。

Tip4：再次点名商品的消费者定位——老年人。

我们说的极端点，您如果不想买东西，那报这个团就不用带钱包了，所有费用都包含了，吃的住的玩的，景点的门票都包含了。我建议大家，如果去欧洲旅游，不要为了图便宜，选一些低价团。可能比我们的价格低个 2 000块，但是他们有好多景点都是不包括的，吃的都要自己花钱。在东方购物今天全部都给大家包含了，包括团餐，其实中国人还是离不开中国人的口味。还有当地的特色餐，一定都会让大家吃到。最重要的还是景点特别全，巴黎的凡尔赛宫、卢浮宫、塞纳河、埃菲尔铁塔全部都会有，抓紧时间，我们的节目还有七分钟就结束了，订购非常踊跃。再次强调的是，没有任何后顾之忧,先抢一个名额,就算护照、签证办不下来,全款退给您。只要在签合同之前,都是可以退款的,欢迎拨打东方购物电话800-×××××,手机用户拨打021-5111××××。

训练提示:

(1)设计一款针对老年人的旅游行程,选择适合老年人的卖点,并用有声语言呈现。

(2)挑选一款适合亲子出游的行程,设计一档10分钟左右的节目。

案例2

购物专家(以下简称"购"):"理应选择,睿智购物",大家好,我是李睿。今天是礼拜一七点半,又到了东方购物一周一次的保险直播时间段,首先带给大家的是美亚保险的一款东方购物特别热销的,也是九年合作基础上为东方购物顾客量身定做的健康加油保。这款保险可以说保证了人生当中重要的几个阶段,最容易受到伤害、住院侵袭的几个阶段,在这些阶段提供一些非常实用的保障,保障齐全、范围广泛,待会儿给大家详细介绍。并且今天还有新的来电好礼送给大家,待会告诉大家是什么。首先介绍一下今天的嘉宾宋燕。

厂商代表(以下简称"厂"):大家好,我是美亚保险的宋燕。今天的健康加油保可以说是美亚登陆东方购物以来最全面的一款产品,它不仅包含了人生当中的疾病、意外两大风险,并且今天只要来电就送厨房清洁五件套,非常实用的一个礼品,如果成功订购,我们还会赠送爱康国宾的血糖监测卡。

购:没错,今天只要来电,就送厨房清洁五件套,您看这个小刷子多实用,百洁布、神奇抹布,真是从来都没见过这么全的清洁用品啊。刷杯子、刷碗、刷碟子都有,这个都是今天给大家的福利,不需要花一分钱。只要打电话咨询,我们都会赠送给大家,直接快递到家。

好的,那首先我们来了解一下保险的内容、保障范围究竟是怎样的。这款是美亚保险在东方购物九年来首次为观众朋友量身定制的产品,那么它涵盖哪几大方面呢?我们来一起了解一下。第一点呢,就是这款产品有住院的津贴。只要住院,每天补贴200元,不管疾病还是意外,都是200元,有一天算一天。人这一辈子,难免有大事小情的,住几天院是很正常的,包括小朋友、老人也是一样的。第二点呢,就是意外门急诊的报销,最高是5 000块钱。

Tip1:简明扼要交代保险内容的第一条和第二条:住院津贴+门急诊保险。

厂:而且是不限次数,有一次算一次。人生活中磕磕碰碰是难免的,去医院从一元开始就可以报销。

购:最高限额是5 000块。咱们说住院是大事儿,那小毛病呢?不需要住院的,意外门急诊可以直接报销。还有什么呢?看第三条,是大事儿的,意外伤残的情况,健康受到比较大的打击时,最高赔付是20万。根据不同伤残级别有不同的赔付比例,比如50%、30%、80%等。这个等于是给您重大事故托底的保障。

Tip2:解释保险内容的第三条:意外伤残的赔付。

我们再来看第四条,我觉得特别实用。老人和小孩其实特别容易骨折,小孩儿顽皮,老年人骨质疏松,这里就有一个骨折的专用赔付,最高赔偿金额为两万元。根据骨折的不同部位、轻重程度,赔付的比例也是不一样的。哪怕住院了,这个骨折也是单独赔付的。所以大家看啊,不管大事、小事、住院、不住院、疾病、意外全部包含在其中,这是登陆东方购物后相当全面的一款产品。

Tip3:解释保险内容的第四条:骨折赔付。骨折是老年人和小孩多发情况,电视购物消费者多为中老年人,这一条比较能吸引他们为自己或孙辈购买。

当然,很多观众朋友说保险离我好远,我在漫漫人生路当中没发生过意外,不用买保险。其实大家可能不知道,意外其实离我们很近。什么叫意外?猫爪狗咬啊,切菜切到手啊,鱼刺卡着喉咙,开水烫伤手,摔跤摔破皮,被狗咬伤,晨练扭伤腰,这些都是意外,都可以进行赔付。

Tip4:利用恐惧诉求,把潜在的危险和伤害告知观众,刺激观众购买保险的强烈诉求。

厂:对,市场上很多保险是只保医保内的,这个突破医保限制,进口药、救护车全部包含在内。

购:没错,承保范围内100%报销,不受医保范围限制。诊断费、进口药品费、护理费、救护车费、X光检查费、手术费,统统包含在内,而且是从一元钱开始报销,没有什么后顾之忧。

然后我们再说说保险的年限,这也是一个比较重要的问题。我知道很多保险到了50岁以上就不能投了,我们这个产品可以吗?

厂:我们这个产品一直到80岁都是可以投保的。特别包含了两类高风险人群:出生180天的小宝宝和80岁的老年人。

购:从出生满180天到80周岁都在保障范围内。好的,那大家很关心保费到底是多少呢?其实还是蛮划算的。它有具体的核算的表格,如果按39岁来说,每个月只需花80元,也是每天2.6元,真的非常便宜啊;49岁只要100元每个月,划一天3.3元。这个年龄段是非常容易突发一些重大疾病的,随便去一次医院都不止这点钱,真的很划算啊。

Tip5:把保费平摊到每一天,让观众感觉到其实费用并不高,完全可以承受。

那我们通过一些案例来了解一下,什么样的情况可以赔付?

65岁的王阿姨外出买菜时滑倒,进行人工全膝关节替换手术,住院三周时间。幸好她的女儿为她买了健康加油保,一个月只要缴费120元,她获得的赔付有以下这些:意外医疗的保险5 000元;住院补贴200元/天,21天就是4 200元;另外我们还有10 000元的骨折补贴。当然这是按照不同情况算的,她这个是按照50%的比例,给老年人一个特殊的关爱,加起来一共是

19 200 元。大家想想啊,一年交 1 000 多块钱,十年才交的了这么多钱,真划算。

厂:是的,而且如果没有这个赔付,可能几个月的退休金就没了。

Tip6:保险的条款复杂,普通人理解起来很困难。主持人通过一个真实的案例来告诉观众,买了保险之后如果生病住院,可以得到多少钱的赔付。清晰直观,一目了然。

购:所以保险就是花小钱,存大大的保障。我们来看第二个案例:29 岁的陈小姐因急性胃溃疡反复住院治疗,前后两次,共住院三周。陈小姐参保的是单人计划,每月只要 60 元,每天 2 元,也就是坐公交的钱啊,那么她一共获得的赔付是 4 200 元。不管营养费还是误工费,真的是雪中送炭了。

Tip7:年轻人的案例让不同年龄层的消费者都意识到保险的重要性。

另外提醒大家我们今天还额外赠送厨房清洁用品五件套,只要来电就送。成功订购还赠送爱康国宾的血糖检测卡,不要错过了,东方购物电话 800-××× -××× ,手机用户拨打 021-××× -××××× 。欢迎您的来电。

训练提示:

(1)利用恐惧诉求,让观众体会到购买保险的重要性。

(2)学会把复杂的保险条款转变为容易理解的内容。

(3)学会设计案例,让观众更直观地了解需要交的费用和可能获得的赔付。

后 记

    2008 年,是电视购物行业至关重要的一年。这一年,代表旧有经营模式的"橡果国际"出现了成立以来的首度亏损,且面临着严重的诚信危机。也是在这一年,由湖南广电投资的国内第一家专业电视购物频道"快乐购"运营态势渐趋明朗,净利润约5 000万元。一大批后来成为行业中坚力量的购物频道(优购物、好享购等)也在这一年成立。这风起云涌的一年,新旧力量交替,内部重新洗牌,行业发展渐渐拨云见日,趋势逐步明朗。

    依然是2008 年,中国传媒大学南广学院播音主持艺术学院把握住了行业发展的脉搏,开全国之先河,开设商务主持方向的课程,把电视购物主持纳入了教学体系。八年的时间,我们从无到有,探索了一片全新的领域;八年的时间,我们的毕业生已经遍布全国各大购物频道;八年的时间,我们把教学经验与思考都浓缩在这本书里。

花开花谢,云起云落,这是大自然必然规律。感谢时代,让我们能够有机会顺应她的脚步,挑战全新的领域。创作的过程虽然漫长而艰辛,但这既是学习的过程,也是成长的过程。

感谢业界同人对本书的大力支持。

感谢同事们的关照。

感谢同学们。

感谢李水仙老师的指导和帮助,保证了这本书的顺利出版。

严翔、霍妍

2016 年 7 月 1 日

图书在版编目(CIP)数据

电视购物节目主持 / 严翔,霍妍主编. —北京:中国传媒大学出版社,2017.7
ISBN 978-7-5657-1940-0

Ⅰ. ①电… Ⅱ. ①严… ②霍… Ⅲ. ①零售业－电视节目－主持人－教材
Ⅳ. ①G222.2 ②F713.32

中国版本图书馆 CIP 数据核字(2017)第 040917 号

电视购物节目主持

DIANSHI GOUWU JIEMU ZHUCHI

主　　编	严　翔　霍　妍	
责任编辑	李水仙	
责任印制	曹　辉	
封面设计	拓美设计	

出版发行　中国传媒大学出版社

社　　址	北京市朝阳区定福庄东街 1 号　邮编:100024	
电　　话	86－10－65450528　65450532　传真:65779405	
网　　址	http://www.cucp.com.cn	
经　　销	全国新华书店	
印　　刷	北京玺诚印务有限公司	
开　　本	787mm×1092mm　1/16	
印　　张	11.5	
字　　数	154 千字	
版　　次	2017 年 7 月第 1 版　　2017 年 7 月第 1 次印刷	
书　　号	ISBN 978-7-5657-1940-0/G・1940　　定　价　49.00 元	